Unser Weg zur 0%-Methode: Scheitern als Chance

Wir können nichts.

So kommt es uns vor, wenn wir uns umschauen. Wo man auch hin-scrollt: Premiumausgaben der Gattung Mensch machen glänzen-de Karrieren, besiegen Krankheiten und haben fantastische Kör-per, die sie an Urlaubsorten bräunen, von denen wir nicht einmal wissen, wie man sie ausspricht.

Schon seit Langem fragen wir uns, was wir falsch machen. Denn unser Leben verläuft nicht gerade auf der Überholspur: Wir fah-ren auf den Autobahnparkplatz, stellen fest, dass es keine Toilet-ten gibt, weshalb wir im Wäldchen verschwinden, wo wir dann leider in die Exkremente unseres Vorgängers treten. Und während wir mit unseren Turnschuhen über das kaputte Gras schaben, sin-gen es die Kinder von der Rückbank, die Vögel aus dem Wald und die vorbeirasenden Limousinen im Chor:

(interessanterweise zur Melodie von »Kommet, Ihr Hirten!«)

Ändern

Du musst dich ände-hern

Die-hi Welt blei-heibt

Wie sie ist

WIR MÜSSEN UNS ÄNDERN?

Wir sollen mit Willenskraft Einfluss auf unser Schicksal nehmen?

Eine fürchterliche Vorstellung.

Es klingt nach Anstrengung.

Nach *Zusammenreißen*.

Es riecht nach Schweiß.

Das wollen wir nun auch wieder nicht.

Oder?

RATGEBER AUS DER HÖLLE

Glücklicherweise geben einige der eingangs erwähnten Premium-
menschen die Geheimnisse ihres Erfolges preis – und zwar in
Buchform. Das nennt man dann *Ratgeber*. Sie halten gerade einen
solchen in der Hand. Wir, Robbi Däutel und Astrid Scheib, geben
Ihnen den Rat, unseren Ratgeber zu lesen, weil wir etwas wissen,
das Sie nicht wissen.

Wir haben nämlich sämtliche Ratgeber gelesen, mit deren Hilfe
man ohne nennenswerten Aufwand schöner, schlauer, schlanker,
stärker, netter, reicher, organisierter und besser in allem werden
soll, woraufhin man dann vermeintlich zu innerem Frieden, äu-
ßerer Gelassenheit und absoluter Glückseligkeit findet.

Kleine Kostprobe aus der Marketingabteilung?

»Das nötige Handwerkszeug, mit
dem Sie jedes Ziel erreichen«

Die 1%-Methode

»Wie du privat und beruflich zum
Erfolg gelangst.«

Die 7 Wege zur Effektivität

»5 Phänomene aus der
Hirnforschung, mit denen Sie alles
schaffen, was Sie wollen!«

Alles reine Kopfsache

»Gestalte deinen Morgen, und in
deinem Leben wird alles möglich.«

Der 5-Uhr-Club

»Der Schlüssel zur Lösung (fast) aller
Probleme.«

*Das Kind in dir muss
Heimat finden*

In einem langwierigen und teilweise schmerzhaften Verfahren haben wir für Sie sämtliche in den Ratgebern vorgeschlagenen Methoden getestet. Wir haben uns das Handwerkszeug für die eigene Selbstverwirklichung draufgeschafft. Wir haben die neuronalen Verbindungen in unseren Gehirnen umprogrammiert. Wir haben nicht 1 %, sondern 100 % gegeben. Haben Körper und Geist entgiftet, waren gut zu uns selbst, lebten im Moment.

Und sind so einem Skandal unfassbaren Ausmaßes auf die Spur gekommen.

RECHTLICHER HINWEIS

Um uns rechtlich nicht angreifbar zu machen, müssen wir unsere Erkenntnisse im Folgenden mit großer Sorgfalt formulieren. Der YES-Verlag ist ein kleiner Non-Profit-Verlag, mehr Hobby als Geschäftsmodell, geführt von zwei Hippies, die bereits in den Neunzigern den Bezug zur Realität verbaselt haben und auf einem Resthof in der Südslowakei Bio-Meth für den Eigenbedarf kochen. Eine gerichtliche Auseinandersetzung mit einem der großen Verlagskonzerne, welche die oben zitierten Ratgeber auf den Markt bringen, kann sich Yes Publishing nicht leisten. Jede Klage würde das Ende des Verlags bedeuten.

Beim Testen der so vollmundig als lebensverändernd angepriesenen Ratschläge verfestigte sich bei uns der Eindruck – was eine absolute subjektive Wahrnehmung ist –, dass all diese Bücher eventuell einem ganz anderen Zweck dienen könnten als dem, unser Leben zum Guten zu verändern. Sie sind – und das ist, wie gesagt, lediglich eine These – unter Umständen nur verfasst worden, um den Kontostand der Verfasser und Verleger aufzubessern!

Diese – zugegebenermaßen etwas gewagte – Hypothese ist natürlich sehr niederschmetternd. Denn sie würde ja bedeuten, dass unser Wunsch, die eigenen Unzulänglichkeiten mit einer Abkürzung zu überwinden, ausgenutzt wurde. Uns wurde lediglich *vorgetäuscht*, dass es ganz einfach wäre, sich zu ändern. Uns wurde so lange in quälenden Wiederholungen suggeriert, unser Leben könnte mit etwas Detox, Selfcare und Achtsamkeit endlich Sinn ergeben, bis wir es geglaubt haben. Und mit welchen Folgen? Wie die Motten fliegen wir in dieses Leuchtfeuer der Selbstoptimierungslüge und finanzieren so den aufwendigen Luxuslifestyle von Betrügern, die noch vor dem Frühstück zwanzig Bahnen in ihrem Infinitypool ziehen, um dann mit einem Gewinnersmoothie in den besten Tag ihres Lebens zu starten – wie jeden Tag.

Die Wahrheit ist einfach zu groß, um sie noch länger zurückzuhalten.

Und deshalb sagen wir:

NIEMAND KANN SICH ÄNDERN!
ACHTSAMKEIT STRESST!
SELFCARE IST ASOZIAL!
ALLES IST UNSINN!

Wir reißen Deadlines, quälen uns durch den Job, hassen die Kollegen. Und die Kollegen hassen uns.

Wir erledigen die Steuer zu spät, zahlen Mahngebühren, waten durch den Dispo.

Wir haben schlechten Sex, haben Mäuler zu stopfen und träumen unerfüllbare Träume.

Wir essen zu fettig, schlafen zu wenig und trinken zu viel.

Wir treiben keinen Sport, haben Tränensäcke und Hüftpolster.

Wir drängeln uns vor, vergessen, zur Wahl zu gehen, und stoßen beim Autofahren politisch unkorrekte Flüche aus, weil uns niemand hört.

Wir können so viele Ratgeber lesen, wie wir wollen – es wird sich nichts ändern.

WIR GEBEN 100 % – UND BEKOMMEN NICHTS DAFÜR

Und das bedeutet im Umkehrschluss: Wir können weitermachen wie bisher. Denn wenn sich an uns und unserer Mittelmäßigkeit nichts ändern lässt, dann ist es albern, es immer weiter zu versuchen.

Ein großer Teil der Menschheit lebt nach dem Prinzip der sich nie erfüllenden Vision (SiNiVi), vor allem das Segment, das sich fleißig am Ratgeberregal bedient. Doch macht SiNiVi wirklich glücklich? Der Nachteil des Prinzips liegt auf der Hand: Sie müssen sich abrackern ohne Pause, niemand sagt Dankeschön, niemand beneidet Sie.

Sie wollen Topmodell werden. Oder Rockstar. Sie wollen ein Start-up gründen und ins Silicon Valley ziehen. Sie möchten Naturwein mit Elon Musk trinken. Sie möchten Elon Musk die Frau ausspannen. Sie möchten mit Elon Musk zum Mond fliegen. Aber all diese Unterfangen werden Sie mit einer Wahrscheinlichkeit von 99,9862 % an die Wand fahren. Ihre steten Begleiter werden Selbstzweifel und Unzufriedenheit sein. Sie werden traurig und depressiv werden.

Denn Visionen wie diese schaden Ihrem inneren Gleichgewicht.

Machen Sie's wie wir. Statt sich von Zielen und Ambitionen terrorisieren zu lassen, üben wir uns in Prokrastination und dem konstanten Verkacken. Sie werden erkennen, wie einfach es ist, alles abzusagen. Wir bringen Ihnen bei, wie Sie zukünftig anstrengende Situationen beruflicher oder gesellschaftlicher Art vermeiden können, indem Sie konstant Erwartungen unterlaufen. Der Effekt: Sie müssen sich über das Erreichen Ihrer einstigen Ziele zukünftig keine Gedanken mehr machen. Sie werden ein entspannter und glücklicher Mensch. Für alle, die lernen wollen, sich den ständigen Selbstverbesserungsforderungen zu widersetzen, führt kein Weg an der 0%-Methode vorbei.

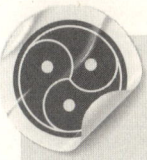

~ mantra ~

ICH VERABSCHIEDE MICH VON DER LAST DES STREBENS UND BEGRÜSSE DIE LEICHTIGKEIT DES SCHEITERNS.

DAS SCHEITERN UMARMEN

Was bleibt zu tun, da wir erkannt haben, dass der Kapitalismus ein perfides Ratgebersystem zur Abmelkung[1] Minderbegabter etabliert hat? Dass alle Anstrengung, ein so respektabler wie wertvoller Teil dieser Gesellschaft zu werden, uns lediglich die eigene Unzulänglichkeit wie eine Sahnetorte ins Gesicht klatscht?

Ganz einfach: Wir sollten uns auf das Scheitern konzentrieren. Denn nur das Scheitern beherrschen wir so gut, dass wir es darin mit Leichtigkeit zur Meisterschaft bringen.

Wir, Sie – alle.

Und das Schöne ist: Dieser Vorschlag lässt sich umsetzen, ohne dass Sie irgendetwas an sich selbst oder in Ihrem Leben ändern müssen! Hierbei handelt es sich nicht etwa um ein weiteres vollmundiges Versprechen aus der Marketingabteilung. Nein, unsere Methode funktioniert zuverlässig. Für die erfolgreiche Durchführung unserer Übungen sind keinerlei Fähigkeiten nötig. Alles, was Sie tun müssen, ist, dem Pfad der Unachtsamkeit zu folgen.

Wir präsentieren Ihnen eine radikal neue Perspektive auf das Leben, die frei ist von lästigen Ansprüchen und Ambitionen. Wir haben für alle Bereiche des Lebens die Methoden zusammengestellt, die Ihnen dabei helfen werden, dauerhaft Schluss zu machen. Schluss mit Ambitionen, Schluss mit guten Vorsätzen, Schluss mit den unerreichbaren Zielen. Schluss mit Leistungsdruck, Schluss mit Minderwertigkeitsgefühlen, Schluss mit ungesundem Stress im Alltag.

---

[1] *Diesen Begriff sollten Sie unbedingt mal googeln.*

Umarmen Sie das Scheitern.

Werden Sie entspannt und glücklich.

WAS IST DIE 0%-METHODE?

Die 0%-Methode ist nicht etwa eine Sammlung unsinniger und sich ständig wiederholender Ratschläge und Mantren, sondern: eine radikal neue Perspektive auf unsere irdische Existenz. Sie soll Ihnen als Anleitung dienen, einen neuen, zufriedenen Lebensstil zu etablieren.

Wir alle haben uns schon in der einen oder anderen Form vorgenommen, unser Leben zu ändern. Waren derart vom Änderungswillen getrieben, dass eine Entsorgung des gesamten Portfolios schlechter Gewohnheiten als realistisches Ziel erschien. Voller Tatendrang unterzeichneten wir ganzjährige Gym-Verträge, filmten uns bei der feierlichen Entsorgung sämtlicher Alkoholvorräte. Wir kauften maßgeschneiderte Laufschuhe, abonnierten die Meditations-App, stellten die Ernährung um und luden ein Profilbild hoch, das uns beim Durchbrechen der letzten Zigarette zeigt. Wir wurden sogar Mitglied im Frühschwimmerclub und leisteten uns ein teures Fahrrad! Und immer wieder sah es für einen Moment lang so aus, als hätten wir den Erfolgscode geknackt.

WIR ERZÄHLEN IHNEN IMMER DASSELBE, DENN SO VIEL GIBT ES EIGENTLICH GAR NICHT ZU SAGEN.

Doch haben wir uns *dauerhaft* verändert?

Sie kennen die Antwort ebenso gut wie wir.

Verändert haben sich nur, und zwar in den Bereich unter null:

- 👉 unser Kontostand (aufgrund zahlreicher Fehlinvestitionen wie Clubbeiträgen, Sportequipment, Blendern und importierten Nahrungsergänzungsmitteln)
- 👉 unser Sozialstatus (zu früh mit dem neuen Lifestyle geprahlt und die unsportlichen Trinker und Raucher im Umfeld verhöhnt)
- 👉 unsere Lustbilanz und unser Wohlbefinden (es geht uns noch mieser als vor dem Versuch der Veränderung)

Uns fehlen Kraft, Disziplin und das Durchhaltevermögen der Erfolgsmenschen. Das wissen wir deshalb so gut, weil Erfolgsmenschen ihren Erfolg geradezu zwanghaft zur Schau stellen müssen: Mit spielerischer Leichtigkeit absolvieren sie ihre Fitnesseinheiten, schlürfen Chiasamen-Smoothies mit Blattgold und reiten auf einem geflügelten Pferd dem Sonnenuntergang entgegen.

Bei minimalem Einsatz ernten Erfolgsmenschen den maximalen Ertrag.

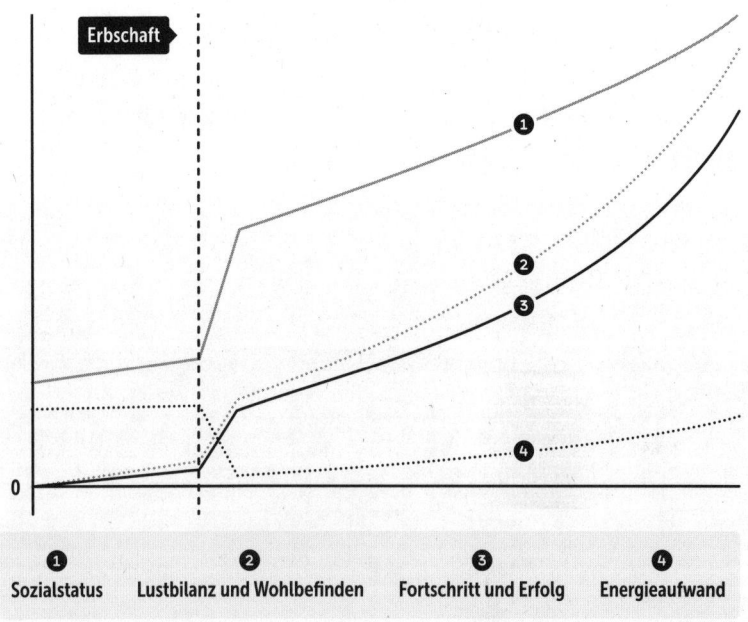

ERFOLGSMENSCHEN

Erbschaft

① Sozialstatus ② Lustbilanz und Wohlbefinden ③ Fortschritt und Erfolg ④ Energieaufwand

Dass ein Zusammenhang zwischen dem Zeitpunkt eines ererbten Vermögens und dem ruckartigen Anstieg der Erfolgskurve besteht, ist unter Absolventen von Eliteuniversitäten stark umstritten.

SISYPHOS

Sie kennen die Geschichte des Sisyphos: Zur Strafe für seine Missetaten (er hatte gewagt, den notorischen Frauen-, Kinder- und Tierschänder Zeus zu verpetzen) muss er immer wieder denselben großen Felsblock auf einen Berg wälzen.

Petze Sisyphos

Der Kraftaufwand ist enorm und die Fortschritte sind minimal. Sisyphos bleibt dennoch dran. Schritt für Schritt nähert er sich dem Gipfel – doch kurz vor dem Erreichen des Ziels entgleitet ihm der Felsblock und rollt zurück ins Tal. Wie jedes Mal! Sisyphos muss von Neuem beginnen. Er zögert nicht, denn er verfügt über die ausreichende Kraft, Disziplin und das nötige Durchhaltevermögen – eigentlich ein Gewinnermindset. Dennoch hat sein ewiges Geschufte bis heute zu keinerlei Erfolg geführt.

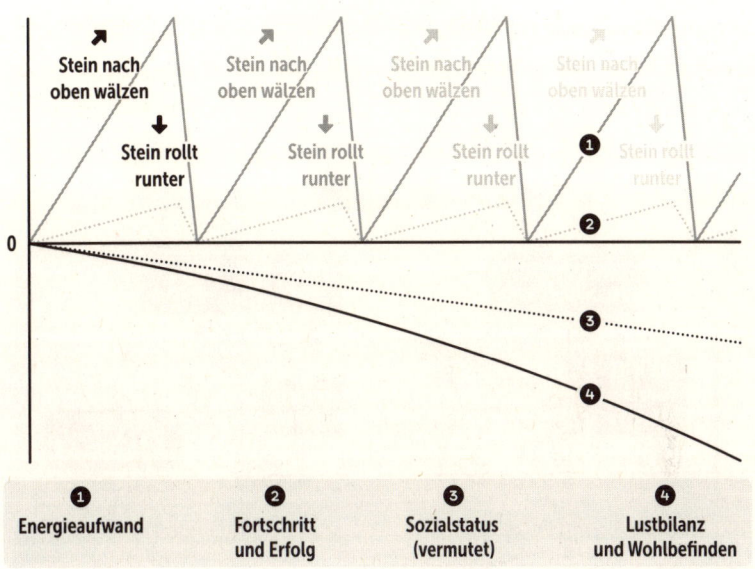

Über den Sozialstatus von Sisyphos ist nichts bekannt – aber was würden Sie von einem Typen halten, der immer wieder einen Stein auf den Berg rollt, um ihn kurz vor dem Gipfel wieder – durch unge-schickte Handhabung – herunterkullern zu lassen? Immer wieder!?!

OIS-EASY-PHOS STATT SISYPHOS

Wenn wir versuchen, uns zu ändern, fühlen wir uns ganz ähnlich wie Sisyphos. Doch im Gegensatz zu Sisyphos haben wir nicht die Kraft, um sofort nach unserem Scheitern einen neuen Versuch zu starten, wir sind schließlich keine Märchenfigur. Nachdem wir uns ein Ziel gesetzt und auf dem Weg versagt haben, empfinden wir Frustration. Die Ausgangslage – unser Alltag – wird durch die

Brille des Gescheiterten als noch düsterer wahrgenommen. Unsere Energiereserven verziehen sich in den Minusbereich. Aus dem angestrebten Fortschritt ist ein Rückschritt geworden, und bis wir den nächsten Versuch wagen können, uns zu verändern, vergeht eine lange Zeit.

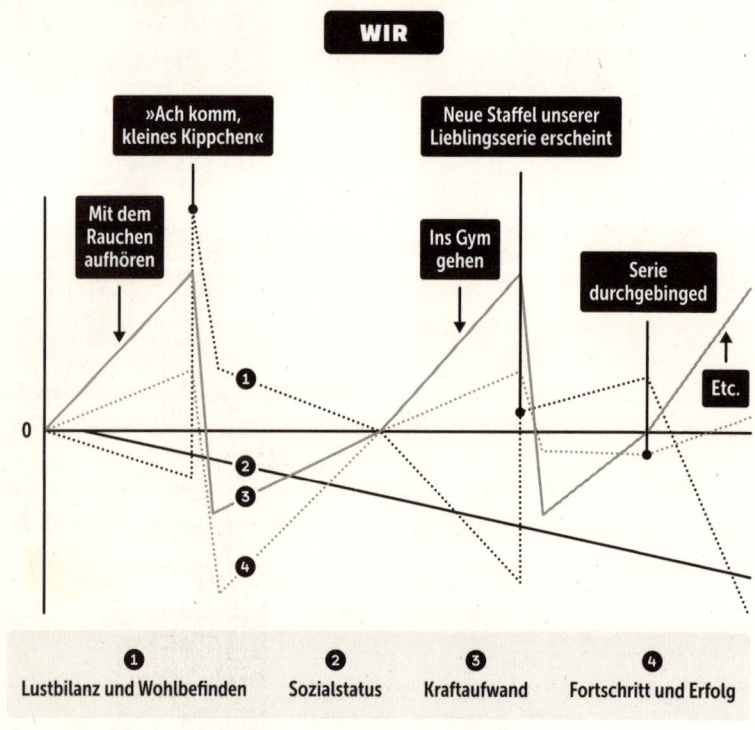

Der Kurvenverlauf des Ambitionierten ist chaotisch und macht deutlich, wie groß die Kräfteverbrennung bei Projekten ist, die sowieso irgendwann scheitern. Nicht nur die Lustbilanz schlägt in den Minusbereich aus, auch der Sozialstatus sinkt beständig.

Aus der Sicht eines Erfolgsmenschen betrachtet, könnte man daher meinen:

Wir sind zum Scheitern verurteilt.

Doch betrachtet man unseren Kurvensatz genauer, lässt sich ein enormes Potenzial entdecken. Und zwar, wenn wir etwas tun, was uns die Gesellschaft zu untersagen versucht: **Wir messen mit zweierlei Maß.**

Welches Ergebnis soll ein Vergleich zwischen Durchschnittstypen und Erfolgsmenschen liefern? Gemessen am Burj Khalifa, ist selbst Schloss Neuschwanstein winzig. Wir Normalmenschen sind aber nur ein kleines Einfamilienhaus.

Wagen wir doch mal einen kurzen Blick durch die 0%-Lupe.

Durch die 0%-Lupe betrachtet, hat unser Haus genau die richtige Größe: klein, aber fein. Man kann darin Spiegeleier braten und ein Mittagsschläfchen machen.

ANNÄHERND NULL

Wenn wir uns nun lossagen von den Zielen und Träumen, welche uns von der Vergleichsgesellschaft aufoktroyiert werden, können wir die zurückgewonnene Zeit anders nutzen: Wir können zum Beispiel ausschlafen. Ist unser Denken endlich frei von Ambitionen, wird sich zwar keinerlei »Erfolg« einstellen, doch durch die Vermeidung von lästigen Zielsetzungen schließen wir auch die

Möglichkeit des Versagens aus. Da wir keinerlei Kraft mehr für Dinge aufwenden müssen, von denen wir fälschlicherweise annahmen, sie täten uns gut, ist unser Energiebedarf gering. Eine wohlige Mattigkeit macht sich breit, die Hirntätigkeit nimmt ab. Unsere Lustbilanz pendelt sich knapp oberhalb der Null ein und schlägt bei simplen, passiven Vergnügungen leicht nach oben aus.

Wird dieser recht flache Kurvenverlauf mit dem des Erfolgserben abgeglichen, kann uns unser Leben im ersten Moment klein und wertlos vorkommen. So klein und wertlos wie ein Haus neben dem größten Wolkenkratzer der Welt.

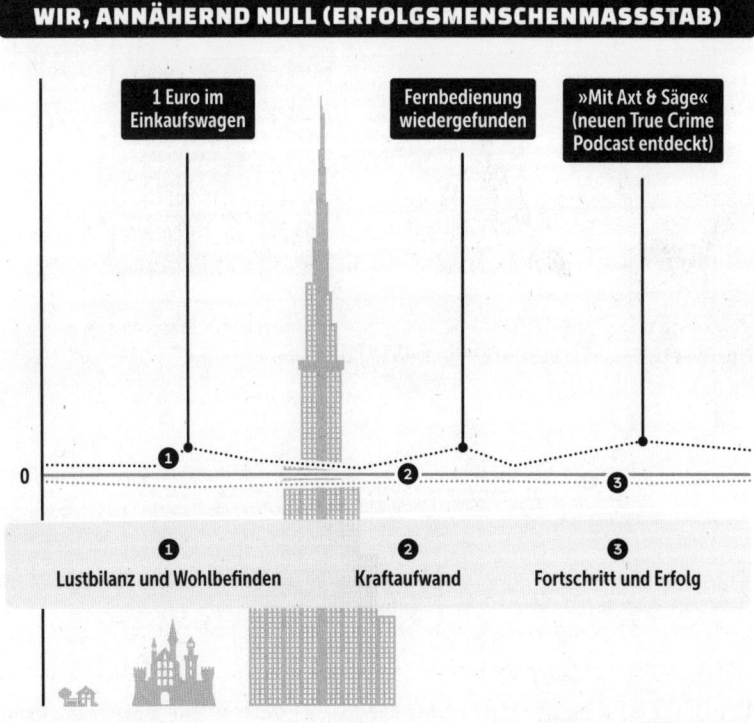

WIR, ANNÄHERND NULL (ERFOLGSMENSCHENMASSSTAB)

1 Euro im Einkaufswagen

Fernbedienung wiedergefunden

»Mit Axt & Säge« (neuen True Crime Podcast entdeckt)

0

① Lustbilanz und Wohlbefinden   ② Kraftaufwand   ③ Fortschritt und Erfolg

Wir haben festgestellt, dass es sich positiv auf die Gesamtmessung auswirkt, wenn wir den Punkt »Sozialstatus« ab jetzt aus der Rechnung herausnehmen.

JETZT IST ES ZEIT FÜR DIE
0%-LUPE!

Wenn wir uns nämlich nur auf uns selbst konzentrieren und die Umwelt ausblenden, wenn wir unsere kleine Welt ganz groß machen, geschieht etwas Wunderbares. Aber sehen Sie selbst, es grenzt an Zauberei:

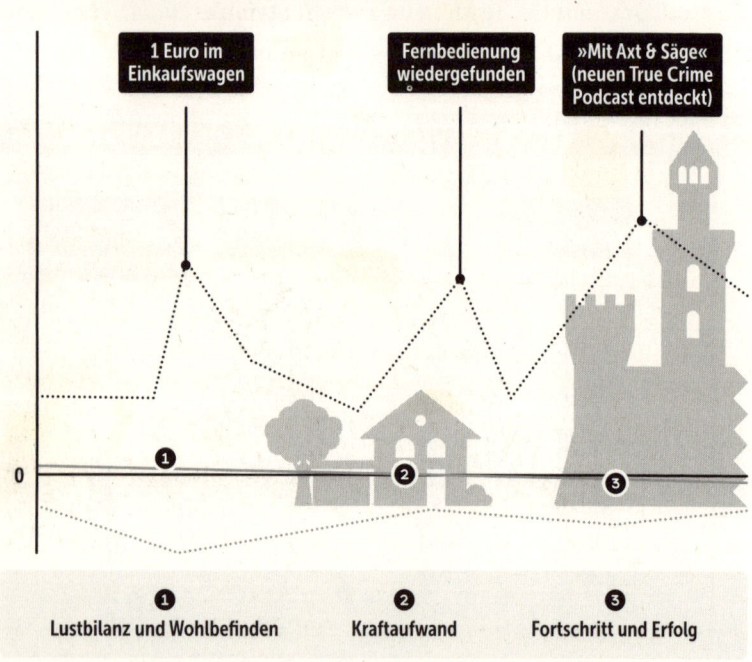

WIR, ANNÄHERND NULL (0%-MASSSTAB)

1 Euro im Einkaufswagen

Fernbedienung wiedergefunden

»Mit Axt & Säge« (neuen True Crime Podcast entdeckt)

0

❶ Lustbilanz und Wohlbefinden ❷ Kraftaufwand ❸ Fortschritt und Erfolg

Wählt man einen anderen Maßstab für die Statistik, sieht die Welt ganz anders aus.

Wir haben tatsächlich die Gesetze der Physik außer Kraft gesetzt:

Obwohl wir **0 % Energie** in das System einspeisen, steigert sich durch unsere *bloße Existenz* die eigene Lustbilanz!

Ganz neu ist dieser Gedanke übrigens nicht, schon in der bajuwarischen Mythologie gibt es ein Wesen, das unsere Erkenntnisse zum mühelosen Energieerhalt verkörpert: Unser Krafttier ist der Ois-Easy-Phos, eine sagenumwogene Gestalt, die es nicht mehr einsieht, grund- und sinnlos einen schweren Stein in Richtung eines Berggipfels zu wälzen, der ihm jedes Mal kurz vor dem Ziel entgleitet, nur um sich dann infolge eines Wiederholungszwanges auf einen mühsamen Abstieg zu begeben, um die Handlung unendlich häufig wieder auszuführen. Nein, der Ois-Easy-Phos ist wie wir: Er bleibt vergnügt im Tal, setzt sich lieber in den Schatten seines Steinblocks, lässt die griechischen Götter liebe Männer sein – und gönnt sich ein Pfeifchen.

Wenn wir uns nun gemeinsam auf den Pfad der Unachtsamkeit begeben, werden wir nicht direkt die **absolute Nullprozentigkeit** erreichen. Selbst beim Scheitern werden wir zunächst scheitern. Doch auch hierfür haben wir eine Lösung: Wir umarmen das Scheitern – und machen es uns untertan. Das Scheitern arbeitet jetzt *für* uns.

WIR UMARMEN DAS SCHEITERN UND MACHEN ES UNS UNTERTAN

Um die Kraft des Scheiterns für eigene Zwecke nutzen zu können, ist es unumgänglich, sein Leben nach der Yin-Philosophie auszurichten. Dieses Toolset hilft Ihnen, den verborgenen Zauber, der jedem Versagen innewohnt, zu erkennen. Lesen Sie die folgenden Seiten besonders aufmerksam – oder lassen Sie es. Denn dann wären Sie gescheitert und hätten alles richtig gemacht.

UNACHTSAMKEIT UND DIE PHILOSOPHIE DES YIN (NACH DÄUTEL UND SCHEIB)

Ein wichtiger Bestandteil der 0%-Methode ist die *Philosophie des Yin,* die eng verwoben mit dem Zustand der *Unachtsamkeit* ist. Beides dürfte Ihnen längst vertraut sein, auch wenn unsere Formulierungen für Sie vielleicht noch neu sind.

Yin und Yang

 Wenn man bei einer Toilettenzigarette den Wikipedia-Eintrag zu Yin und Yang überfliegt, erfährt man, dass es in der chinesischen Philosophie um sogenannte *duale Kräfte* geht. Das Yang – die helle Kaulquappe – steht für *schön und gut* und *aber Hallo!,* das Yin hingegen für *nee, lass mal* und *ach du Scheiße.* In diesem kosmischen System bekämpfen sich die zwei Kaulquappen nicht etwa, sondern sie ergänzen sich.

Yin

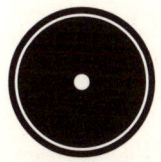

Dieses Symbol, das Yin ohne Yang, steht für Passivität, Durchschnittlichkeit, Willensschwäche, Nullniveau und Trübsal. In der Mitte sitzen wir, ganz allein. Es ist das Erkennungszeichen der Nullprozentler: Wenn Sie jemanden mit diesem Symbol an der Brust begegnen, können Sie sicher sein, dass Sie absolut nichts zu erwarten haben.

Yin-Yin

Unachtsamkeit bereichert unser Leben um zahlreiche Yin-Yin-Situationen. Von Yin-Yin ist die Rede, wenn die bereits unterdurchschnittliche Ausgangslage sich noch einmal um mindestens 100 % verschlechtert, sodass man auch von *Desasterdopplung* spricht.

Auch die Momente, in denen wir uns zwischen zwei Dingen entscheiden müssen, die beide in gleichem Maße fürchterlich sind, werden dem Yin-Yin zugeordnet. Hierfür haben wir den Fachterminus *Desasterdilemma* geprägt: Am Heiligen Abend durch den Schneematsch mit der Familie in die kalte Kirche gehen? Oder beim volltrunkenen Onkel Gerd bleiben und seiner Geschichte von der Betriebsfeier lauschen, als er einer Kollegin aus der Buchhaltung unter die Bluse durfte?

Wofür Sie sich auch entscheiden – Sie werden leiden.

Doch ebenso sicher werden Sie nach dem Desaster die Früchte des Yin-Yin ernten, denn:

Es kann nur besser werden.

Es ist schön, wenn der Schmerz nachlässt.

Morgen ist relativ sicher ein neuer Tag.

Yin-Yin-Yin

 Je mehr Menschen sich der Unachtsamkeit voll-
ständig hingeben, desto besser für uns, unser Um-
feld – und die ganze Welt. An dieser Stelle klingen
wir Verfechter der 0%-Methode zwar wie gewöhn-
liche Sektenanhänger, aber das macht nichts, wir dienen einer Sache, die größer ist als wir: Denn je mehr Leute herumliegen, ihr
Ruhepotenzial voll ausschöpfen und sich dem Prokrastinat an-
schließen, desto weniger Mitmenschen werden Sie mit anstren-
genden Aufgaben belästigen können.

Das Ziel sämtlichen Strebens ist somit das Erschaffen von Yin-
Yin-Yin-Situationen: Wenn die eigene Willensschwäche oder Un-
terambitioniertheit für das Scheitern eines Mitmenschen verant-
wortlich ist, dies bei einem Dritten Wut (auf Sie) und Ärger (über
den Mitmenschen) auslöst – und Sie alle in der Öffentlichkeit in
einen fantastischen Schlamassel hineingerissen werden, ist von
Yin-Yin-Yin die Rede.

Lassen Sie uns den Heiligen Abend mit Onkel Gerd in allen drei
Yin-Stadien betrachten:

Yin: Willensschwäche

Warum bloß haben Sie die Einladung zum Weihnachtsfest bei Tante Hanne und Onkel Lutz angenommen? Ihre Nichten Sophia (8) und Anna-Lena-Berta (6) leiden beide unter Hochbegabung und setzen ihre intellektuelle Überlegenheit mit kindlicher Perfidie ein, um ihr Umfeld zu manipulieren. Onkel Gerd, der aus gutem Grund nur zwei Schnaps am Abend trinken darf, ist ebenfalls mit dabei. Und dass Sie nicht mit in die Kirche kommen, müssen Sie auch noch beichten – ganz zu schweigen von den Geschenken, die besorgt werden müssen!

Yin-Yin 1: Desasterdopplung

Bei Tante Hanne und Onkel Lutz fassen Sie all Ihren Mut zusammen und verkünden, dass Sie dem Gottesdienst fernbleiben werden. Das vorwurfsvolle Schweigen und die hochgezogenen Augenbrauen Ihrer Tante lassen die Stimmung auf einen vorläufigen Tiefpunkt absacken.

Bedauerlicherweise muss Anna-Lena-Berta ihr Solo aus dem Weihnachtsoratorium, das sie gleich in der Kirche singen wird, noch einmal proben. Onkel Gerd bekommt seinen ersten Korn. Während die Eltern andächtig lauschen, schleicht Sophia zum Regal, holt die Flasche Schnaps und gießt Onkel Gerd nach. Anna-Lena-Berta bindet die Aufmerksamkeit der Eltern mit Zugaben, Onkel Gerd trinkt fröhlich Schnaps, Sophia kann immer wieder unbemerkt nachfüllen. Nun ist dringend geboten einzuschreiten – Sie müssen um jeden Preis vermeiden, dass der Onkel die ganze Flasche allein trinkt! Deswegen gehen Sie ihm zur Hand.

Yin-Yin 2: Desasterdilemma

Ein Yin rotiert selten allein, im Folgenden kreieren wir ein idealtypisches Yin-Yin-Desasterdilemma:

Onkel Gerd neigt, wie jeder weiß, ab 0,8 Promille zu anzüglichen Witzen. Nichts lieben die zwei hochbegabten Mädchen mehr als ihren Onkel, der Mama in Rage bringt, weil er volltrunken mit verbotenen Worten um sich wirft.

Das *Desasterdilemma* tritt ein, als Onkel Gerd im nun lautstark geführten, schmutzigen Streit verkündet, heute ebenfalls nicht mit in die Kirche zu kommen.

Sie haben nun die Wahl zwischen zwei absolut grauenhaften Möglichkeiten:

Möglichkeit 1

Über eine Stunde allein mit dem überstrammen Onkel Gerd zu verbringen, der mit seinen sexuellen Eskapaden auf Betriebsfesten prahlt und diese in wechselnden Rollen – mit Gesangseinlagen – nachspielt. Nach Wiederkehr der Restfamilie erfolgt eine 1:1-Nacherzählung des Gottesdienstes, ebenfalls mit performativen Elementen.

Möglichkeit 2

Mit den Hochbegabten in die Kirche gehen.

Yin-Yin-Yin: Grandioses Scheitern in der Öffentlichkeit

Sie entscheiden sich für das kleinere Übel: Onkel Gerd.

Dieser zaubert, sobald die restliche Familie aufgebrochen ist, den »Notfallschluck« aus dem Toilettenkasten, welchen die Mädchen dort für ihn deponiert haben.

Dem Pfad der vollkommenen Unachtsamkeit folgend, trinken Sie sich mit Ihrem Onkel nun hochkonzentriert in einen Zustand, welcher den gemeinsamen Besuch des Weihnachtsgottesdienst als eine fabelhafte Idee erscheinen lässt.

Als Sie während des Gebets in den Gottesdienst poltern, beginnt Ihr strammer Onkel sogleich, den Text laut mitzugrölen. Selbstverständlich auf sein Niveau heruntergedichtet. Onkel Gerd schließt mit: *und die Herrlichkeit in ewig geil, SAMEN!* – und übergibt sich ins Kirchenschiff. Das Plätschern hallt im andächtigen Schweigen der Gemeinde nach.

Die Folgen

- 👉 Onkel Gerd bekommt Kirchenverbot.
- 👉 Tante Hanne verlässt vor Scham nie wieder das Haus.
- 👉 Sie sind schuld an allem und dürfen das Erbrochene wegwischen.

Warum lohnt sich ein Leben nach der Yin-Philosophie?

Falls Sie sich nun, wie in der Überschrift bereits angedeutet, fragen, warum sich ein Leben nach der Yin-Philosophie lohnt, werden Sie erfreut sein zu erfahren, dass wir Ihnen erklären werden, warum sich ein Leben nach der Yin-Philosophie lohnt. Und weshalb man damit gleichzeitig einen wertvollen Beitrag zur weltweiten Verbreitung der 0%-Methode leistet, von der letztlich wieder jeder Einzelne profitiert.

1. **Erhöhung des Umfelds durch eigene Absenkung**
   Unsere Performance im zweistelligen Minusbereich verschafft unseren Mitmenschen auf Nullniveau ein angenehmes Gefühl der Erhabenheit.

2. **Normalnull**
   Durch unsere hohe Frequenz *kolossaler Cluster-Fuck-ups* (KCFU) normalisieren wir das Scheitern und drücken damit das von der Influencerwirtschaft vorgegaukelte »Normal« wieder hinunter auf *Normalnull*.

3. **Legends**
   Wir werden zu Legenden erstklassiger Geschichten, die man sich noch nach unserem Ableben erzählen wird.

4. **Fehler sind Leben**
   Die Evolution basiert auf Mutationen. Diese sind nichts anderes als nachlässig kopierte DNA. Doch so mancher »Fehler« hat sich auf lange Sicht als Vorteil herausgestellt. Je mehr Fehler wir also verursachen, desto größer ist die Wahrscheinlichkeit, dass daraus langfristig ein Benefit erwächst.

Betrachten wir die Folgen des KCFU mit Onkel Gerd und welche langfristigen Vorteile sich daraus ergeben:

- ☞ Onkel Gerd schämt sich am nächsten Morgen für seine sexuell aufgeladenen Geschichten von der Betriebsfeier und wird ab jetzt jeden Augenkontakt mit Ihnen meiden. In Zukunft wird er nur in Maßen alkoholisiert der Christmette in seiner bayerischen Heimatgemeinde beiwohnen.
- ☞ Sie hingegen können gegenüber der engen Verwandtschaft im WhatsApp-Familienchat andeuten, dass Gerd Sie mit seiner lockeren Sexualmoral leicht traumatisiert hat, weswegen Sie in Zukunft leider auf das gemeinsame Weihnachtsfest verzichten müssen.
- ☞ Tante Hanne wird ein Jahr später Sophia und Anna-Lena-Berta über die Weihnachtsferien im Hochbegabteninternat lassen und allein einen Anfängeryogakurs auf Bali buchen.
- ☞ Und Sie? Sie verbringen künftig alle Familienfeiern allein zu Hause im Bett, mit zwei oder drei Pizzen und Bier.

Die Yin-Philosophie ist der Anbruch einer neuen Ära des Glücks und der Zufriedenheit.

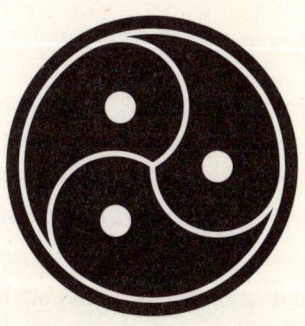

**DER PFAD ZUM YANG
IST STEIL UND LANG.**

**ZUM YIN-YIN-YIN
SCHAFFT'S JEDER HIN.**

Den Yang-Gipfel besteigen

Sollte es uns gelingen, mithilfe einer »todsicheren Methode« (siehe Einleitung, Seite 9) und unter großem Kraftaufwand den Yang-Gipfel kurzzeitig zu erklimmen, nehmen wir unser auf Nullniveau zurückgelassenes Leben von dort oben als sehr erbärmliche Veranstaltung wahr. Das Problem daran: Yang-Momente sind nie von Dauer. Der Absturz ist vorprogrammiert. Schon bald geht es hinab in die alte Mittelmäßigkeit – die nun im Schatten des Yang-Gipfels liegt.

Ab nach unten

Die Abfahrt ins Yin ist mit keinerlei Anstrengung verbunden. Ein untrainierter Körper und ein unachtsamer Geist sind hierbei von Vorteil, denn so können wir noch schneller auf das Niveau des Yin zurückkehren. Der Sturz vom Yang lässt uns Nullprozentler sogar mit Leichtigkeit weiter bis ins Yin-Yin gleiten, und selbst das Hinabtauchen in Yin-Yin-Yin-Tiefen gelingt vor allem Anfängern mühelos.

Unten angekommen, entfaltet die Magie der Yin-Philosophie ihre ganze Kraft: Aus dem Minusbereich unseres Daseins, aus den Tälern des Yin-Yin oder gar den Untiefen des Yin-Yin-Yin betrachtet, erstrahlt unser altes Leben in einem ungekannten Glanz.

DOCH VORSICHT

Die drei Yins beginnen zuweilen, in hoher Drehzahl zu rotieren. Dabei können ungeahnte Negativkräfte freigesetzt werden, bis hin zum unumkehrbaren Zustand der YINFINITY. Eine Rückkehr zum Nullniveau ist nun gar nicht mehr oder nur noch mit professioneller Hilfe möglich.

DIE REISE BEGINNT

Lassen Sie uns gemeinsam auf die Reise gehen. Oder? Auch die Ratgebergurus wollen immer auf eine Reise gehen: auf eine sportliche Reise zur persönlichen Bestmarke, auf eine spirituelle Reise nach Indien, in ein Ashram, auf eine Reise hin zur grundsanierten, durchoptimierten Version unseres Selbst.

Wir hingegen gehen auf eine Reise, bei der wir uns zum Glück überhaupt nicht bewegen müssen.

Na ja, es wäre vielleicht ehrlicher, wenn wir uns alle wieder hinlegen.

Und weiterlesen.

Kapitel 1

Selfcare: Aus dem Weg, hier komme ich

Ich habe in meinem bisherigen Leben kaum Gedanken an Selbstoptimierung verschwendet. Dass aus mir kein Beau mit Beachbody mehr wird, der am Baggersee nur sein Sixpack tanzen lassen muss, um Liebesabenteuer mit Bikinischönheiten zu erleben, wurde mir bereits mit Anfang zwanzig in der H&M-Umkleide klar. Ich war in jenem Sommer zum Kleider-IKEA gegangen, um mir ein Paar neue Shorts zu kaufen. Mein altes war offenbar eingelaufen und zu eng geworden. Als ich mich in der Kabine unbekleidet in einem Ganzkörperspiegel betrachtete, dämmerte es mir: Meine alten Shorts waren gar nicht kleiner geworden. Mein Bauchumfang hatte lediglich zugenommen! Ich musste mich also entscheiden: die Shorts zwei Nummern größer kaufen – oder Sport treiben und Bier, Pizza & Co weglassen. Was glauben Sie, welchen Weg ich gewählt habe?

Als Mann hat Robbi natürlich leicht reden. Wir Frauen sind den Zwängen der Konkurrenzgesellschaft viel stärker ausgesetzt, schon weil wir alle im Alter von zwei Jahren darauf geeicht wurden, dass wir später einmal wie Barbie aussehen werden. Ich persönlich finde das alles schwer miteinander zu vereinbaren: jeden Tag acht Stunden Büro, gesunde Küche, Wellness, Meditation, göttlichen Geschlechtsverkehr und ab und zu einen kleinen operativen Eingriff am Busen. Ich habe schon vor Jahren bemerkt, dass ich so nicht leben kann, und dieses Gefühl wurde immer stärker.

~ mantra ~

MEIN SOFA IST
DAS PARADIES AUF ERDEN.

AUCH EINEM VERLIERER GEHÖRT DIE WELT

An dieser Stelle kommt natürlich die Loserstory, die in jeden guten Ratgeber gehört. Sie kennen die Geschichte, denn sie ist immer gleich: Früher war ich der schlimmste Verlierer der Welt, ich wurde in der Schule gemobbt, meine Eltern haben mich an der Allguth-Tankstelle bei Ottobrunn ausgesetzt, anschließend ernährte ich mich ein paar Jahre lang von Instant-Spargelcremesuppe. Oder: Ich hatte einen schweren Unfall, eine Nahtoderfahrung, ich bin als ideale Version meiner selbst wiederauferstanden, umarme seitdem das Leben. Oder: Ich hatte eine Erleuchtung, jetzt mache ich jeden Morgen um 5:30 Uhr eine kleine zweistündige Einheit Akro-Yoga, und mein Ehemann leitet das größte soziale Unternehmen der Welt. Oder: Ich bin spontan von einer tödlichen Krankheit genesen, weil ich jeden Morgen einen halben Liter selbst gepressten Selleriesaft trinke.

Sie kennen eine verwandte Erzählung vielleicht schon von einem Mann namens Jesus Christus, der sich angeblich einige Tage nach seinem Tod aus einer äußerst misslichen Lage befreit hat, um von nun an eine schöne Botschaft zu verkünden. Der Ratgeberautor des 21. Jahrhunderts funktioniert ähnlich, ist aber dynamischer und mit einem höheren Gehalt gesegnet als der antike Hippie aus Galiläa. Hatte Jesus überhaupt einen Swimmingpool?

Schon auf der dritten oder vierten Seite eines jeden Ratgebers wird der Erfolgsautor Ihnen erzählen, wie viele Bücher er verkauft hat, wie viel Geld er mit der Publikation verdient hat und wie wunderschön und herzensgut seine Ehefrau ist. Und das sollen wir glauben? Nun, wir tun es jedenfalls. Ständig kaufen wir in der Bahnhofsbuchhandlung einen weiteren Ratgeber und damit ein neues Glücksversprechen, sind dann ungefähr einen halben Tag lang motiviert, unser Leben zu ändern – und stellen am Ende fest, dass wir unänderbar sind. Leider.

BEI ASTRID LÄUFT'S GERADE NICHT SO RUND

Im Juni vergangenen Jahres steckte ich in der schlimmsten Multikrise meines bisherigen Lebens. Ich will nicht sagen, dass ich am absoluten Tiefpunkt angelangt war, ich war noch nicht ganz unten im Marianengraben angekommen, dort, wo die hässlichen Fische mit den riesigen Zähnen und kleinen Laternen leben, aber im fensterlosen Souterrain war ich ganz bestimmt: Ich war Mitte dreißig, arbeitete in der Univerwaltung und konnte auch nach drei Jahren das Formular F47 noch nicht korrekt ausfüllen. Der Geschäftsführer schickte mir höhnische Mails, in denen stand, dass er meine »Performance« nicht ganz »optimal« finde.

Ich selbst fand meine Performance auch nicht optimal. Ich hatte mindestens zehn Kilo Übergewicht – und das Schlimmste war, mein Freund Benedikt hatte mich zwei Monate zuvor wegen einer anderen sitzen lassen (Germanistin, schlank, beliebt, kann Formulare korrekt ausfüllen). Kein einziger Bereich meines Lebens war zufriedenstellend: Ich war dick, unglücklich, erfolglos. Und erst sehr langsam ahnte ich, dass ich all das auch bleiben würde – es sei denn, ich würde mich richtig anstrengen. Und anstrengen klang leider ein wenig anstrengend, also: wie das Gegenteil von faul und passiv. Und faul und passiv hatten mir bis dahin eigentlich immer entsprochen.

ALLE LEBEN IHRE TRÄUME, ASTRID LEBT MIT ÜBERGEWICHT

Besonders im Abgleich mit meiner Umwelt und mit meinen Träumen schnitt ich in jenem Juni nicht gut ab. Meine Freundinnen aus dem Studium waren alle mit netten Ingenieuren verheiratet, hatten zwei oder drei süße Kinder, vielleicht sogar ein Ferienhaus in Südfrankreich. Sie trugen ordentlich gebügelte Blusen, halbhohe Stöckelschuhe, richtige Frisuren, und sie betraten, im Gegensatz zu mir, niemals abgehetzt mit offenem Reißverschluss das Büro. Hinzu kam, dass alles ganz anders geworden war, als ich es mir bis dahin vorgestellt hatte: Ich hatte keinen Ehemann, auch keinen Liebhaber, mein befristeter Arbeitsvertrag lief bald aus, und ich bewohnte kein schönes Haus mit insektenfreundlicher Blütenwiese im Speckgürtel. Den Speckgürtel hatte ich stattdessen selbst.

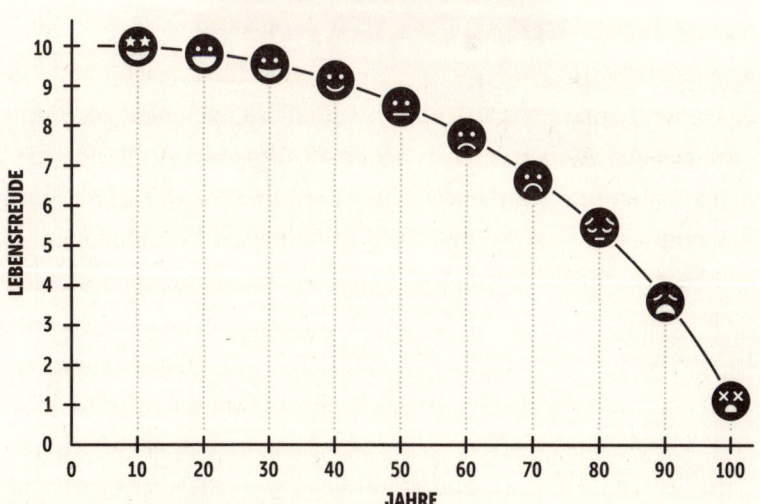

EINE TRAURIGE KURVE

Mit achtzehn hatte ich für ein paar tragisch unbeschwerte Momente lang das Gefühl, die Welt stehe mir offen – obwohl ich zu diesem Zeitpunkt immerhin schon knapp ein Viertel meiner Lebenszeit für Mathe und traurige Annäherungsversuche an den heißen Jens aus der 13a verschwendet hatte. Heute bin ich fast bei der Hälfte meiner Lebenszeit angekommen, vielleicht geht es dank Klimawandel sogar noch ein bisschen schneller. Und obwohl uns allen die Zeit wegrennt, sind wir versucht, unsere Tage möglichst schrecklich zu gestalten und sie uns mit Sport, gesunder Ernährung und achtsamer Kommunikation zu versauen. Ich bin nun in dem Alter, in welchem ich zum Geburtstag allen Ernstes mir unbekannte Küchenutensilien und gereiften Essig geschenkt bekomme. Viel lieber wären mir Rotkäppchen-Sekt und Winkekatzen aus goldenem Plastik. Ich hasse es, selbst zu kochen. Aber ich liebe günstigen Alkohol, Katzen und alles, was glänzt! Und winkt!

MAN MUSS SICH EINFACH LIEB HABEN

Es ist wirklich unglaublich, und zwar auf allen Ebenen, auch körperlich: Seit ich mich der vierzig nähere, beginnen alle Bandscheiben zu krächzen. Die Muskeln jammern und die Gelenke tröten: Ein ganzer Chor besingt den Verfall des Körpers. Was bleibt einem da übrig, als das welkende Fleisch glücklich zwischen den Händen zu kneten und das Scheitern um die Lebensmitte zu akzeptieren? In dem Ratgeberstapel, den Robbi und ich durchgearbeitet haben, war vermutlich deshalb ein Thema besonders präsent: Man soll Selbstliebe praktizieren. Bevor ich meine Ratgeber gesichtet hatte, konnte ich mir darunter absolut gar nichts vorstellen. War Selbstliebe vielleicht ein Synonym für Masturbation?

Aber nicht doch! Für all jene unglücklichen Menschen, die nur auf ihre Cellulite oder ihre Ex-Partner:innen fokussiert sind, versprachen die Übungen schnelle Abhilfe: Man sollte zu sich selbst finden, bei sich sein, im Einklang mit dem eigenen psychopathischen Charakter leben. Das Versprechen lautete: Zufriedenheit durch Selbstakzeptanz. Ich beschloss, die einfachste von allen Übungen auszuprobieren, die mir in meinen Ratgebern angeboten wurde: sich selbst knuddeln.

BEI MIR FÜHRT SELBSTLIEBE ZU SELBSTHASS

Um mit sich selbst zu knuddeln, sollte man sich ungefähr zwanzig Minuten lang (in denen man inständig hoffte, dass nirgendwo eine Kamera installiert ist) wie ein depressiver, übergewichtiger Kater auf dem Boden herumwälzen. Und schon – so das Versprechen der Ratgeber – kultivierte man die reine, überschwängliche *selflove*. Vielleicht nicht ganz auf die Weise, wie wir uns als tadellos durchoptimierte Perfektionsmaschine lieben würden, aber eventuell doch so wie eine Hausfrau aus Paderborn ihren dauerbekifften Sohn liebt, der mit 28 noch zu Hause wohnt. Und das wäre ja schon einmal ein Anfang. Ich beschloss: Ich bin dabei!

WIR KNUDDELN UNSER NICHT GANZ IDEALES SELBST

Ich folgte den Anweisungen des Ratgebers und setzte mich wie ein Kind auf den Boden – in die Chipsbrösel vor der Couch.

»Vielleicht möchten Sie sogar vor- und zurückschaukeln, um einen Zustand kindlicher Harmonie wiederherzustellen«, riet mir mein Buch. Also umarmte ich meine Beine, was keine geringe körperliche Anstrengung bedeutete, wenn man wie ich mehrere Wochen im Liegen verbracht hatte. Wie unbequem! Und wo war überhaupt mein Handy? Vielleicht hatte mein Ex-Freund ja plötzlich nach sechs Wochen eine SMS geschrieben, ausgerechnet in diesem Moment, um mir mitzuteilen, dass er sich nun doch ein gemeinsames Leben vorstellen konnte? Ich verscheuchte den Gedanken wieder und strich mir selbst über die Arme.

Können Sie sich daran erinnern, wie wir uns als Kinder mit dem Fingerrücken über das Gesicht gestrichen haben, um uns einzureden, dass sich das wie eine Geisterhand anfühlt? Ein bisschen so war das achtsame Praktizieren von Selbstliebe: Man weiß, dass die Arme, die einen umschlingen, eigentlich jemand anderem gehören sollten. Aber es ist niemand anderes da. Man ist allein. Die Chipsbrösel liegen noch immer vor dem Sofa. Ist das traurig! Ich kam mir bei all diesem Unglück vor wie ein depressiver, übergewichtiger Kater. Miau.

DAS SAGT DER GURU IM RATGEBER

Untersuchungen haben gezeigt, dass diese Selbstliebeübung das Bindungshormon Oxytocin freisetzt, das Ängste löst und ein Gefühl von Geborgenheit und Harmonie schafft.

Das sagt Astrid

Statt Selbstliebe befördert diese Übung den Selbsthass – endlich weiß ich, wie sich das Leben als fettleibige, manisch-depressive Wohnungskatze anfühlt.

Als Astrid das erste Mal den Begriff *Selbstliebeübung* erwähnte, dachte ich zunächst auch, es handle sich um einen etwas verstockten Begriff aus dem Ratgeberdeutschen – für Masturbation. Die Freude war groß, denn für mich würde diese Übung keinerlei Problem darstellen – in Selbstliebe war ich Experte. Doch sogleich folgte der Ärger: Warum war nicht *ich* auf die Idee gekommen, über die einzige Sache, mit der ich mich gut auskannte, einen Ratgeber zu schreiben?

IST ES DAS WIRKLICH WERT?

Früher war manches besser: Schon seit frühester Kindheit gehört es zu meinen liebsten Gewohnheiten, in der langen Kassenschlange bei Edeka in die Einkaufswagen anderer Leute zu gucken. Damals hat sich niemand geschämt, Freitagabend drei Bier und eine Tiefkühlpizza aufs Band zu legen. Heute ist das anders: Vor allem junge Menschen ernähren sich überwiegend von kalorienfreien High-Protein-Schokoquarks. Manchmal essen sie, so scheint es, auch eine Karotte oder einen Apfel oder eine traurige, nackte vegane Pute. Und wozu diese Qual? Ganz einfach: Die jungen Menschen möchten später einmal Millionen verdienen mit ihrem Instagram-Kanal, auf dem sie sich fast unbekleidet vor der portugiesischen Küste in einer lasziven Yogapose zeigen. Sie möchten mit Models schlafen. Und als Influencer:in für grüne Smoothies so richtig durchstarten. Aber sind diese Träume auch wirklich die Mühe wert?

WISSENSCHAFT UND SELBSTLIEBE

Wir Zeitzeugen der Spätmoderne stecken in einem seltsamen Strudel: Permanent versuchen wir, alle Aspekte unseres Lebens zu optimieren. Und wenn wir dann wirklich jeden Tag ein bisschen besser werden, vergleichen wir uns mit denen, die noch besser sind als wir – und sofort sinkt unsere Laune wieder in den Keller. Um sich nach einem solchen Reinfall zu erholen, hat die Industrie die Selfcare erfunden, einen Begriff, der alles und nichts meint: gute Ernährung, engelsgleicher Schlaf, Haarspülungen und Gesichtsmasken, Erholung und Sport, manchmal auch Astrologie und Esoterik.

Und natürlich hat die Selfcare-Maschine noch einen weiteren Antrieb: Wir leben in schrecklichen Zeiten, es gibt Krieg und Gewalt, der Sozialstaat wird abgebaut, alle sind verängstigt, außerdem kriegt man erst in sechs Monaten einen Termin beim Hautarzt:

Was wäre da einfacher, als einer ganzen Gesellschaft zu suggerieren, dass jeder Einzelne für sich versagt und die Misere erst dadurch zustande kommt? Nicht die Inflation ist schuld, Astrid Scheib ist einfach zu faul!

Das ist für alle praktisch, denn so muss niemand etwas ändern. Außer Astrid. Und jeder sonst, bei dem es sich zufällig um eine Einzelperson handelt. Außerdem muss ja auch ein ganzer Industriezweig gefüttert werden: Ratgeberautorinnen, Potpourrihersteller, Wellnesshotels und natürlich Coaches, die im Internet in Endlosschleife die immer gleichen Phrasen herunterbeten. Die Lehre ist stets dieselbe: Wenn Sie hässlich, arm oder krank sind, haben Sie Ihr Potenzial noch nicht voll ausgeschöpft, noch nicht hart genug an sich gearbeitet. Und wenn Sie keine Villa am Strand haben, haben Sie nicht konzentriert genug manifestiert.

Die Verfechter der Selfcare-Bewegung fordern Aktivismus, Disziplin und den Willen zur Veränderung, wo wir Normalmenschen uns nach Prokrastination, Verhaltens-Free-Jazz und entspanntem Durchwursteln sehnen. Doch auch die Wissenschaft kritisiert Selbstoptimierungskonzepte, so zum Beispiel die Forschenden von der Freien Universität Hundeschule am Tegernsee. Die Wissenschaftler:innen der FUHT beobachteten über einen Zeitraum von acht Jahren gesellschaftlich hochkomplex organisierte Straßenhundgesellschaften. In einem Versuch des Projekts wurde untersucht, ob ein Straßenhund auf Kreta lieber in fußläufiger Entfernung zu einem beliebten Strandrestaurant entspannt, sich ab und zu von einem Touristen streicheln und füttern lässt – oder ob der Straßenhund lieber den ganzen Tag an einem kostenlosen Agility-Training auf einem eigens dafür konzipierten Hundesportplatz trainiert. Die Ergebnisse werden Sie nicht erstaunen: 100 % der untersuchten Hunde lagen lieber im Schatten. Auch als man versuchte, sie gezielt zum Absolvieren des Trainingsparcours zu motivieren, reagierten sie erst ratlos, dann aggressiv. Natürlich sind diese Ergebnisse eins zu eins auf den Menschen übertragbar: Chillen gewinnt.

WER LIEGT, DER SIEGT.

Wir wollen sagen: Sich gesund zu ernähren, Sport zu treiben und morgens zu Walgesängen zu meditieren – also alles, was man unter Selbstoptimierung und Selfcare versteht – zerstört unsere Ambitionen auf XXL-Hotdogs, Trinkgelage, Im-Schatten-Liegen und Nichtstun. Deswegen haben wir eine Übung entwickelt, um aus diesem gefährlichen und vor allem langweiligen Mindset herauszukommen. Auf in die Null!

SPIELERISCHE SELBSTSUBOPTIMIERUNG NACH DER 0%-METHODE

Dieses kleine Spiel hilft Ihnen, nach einer Phase des Sports, der gesunden Ernährung und der toxischen Meditation wieder in Ihr Gleichgewicht zu kommen. Sie werden sehen: Ihre Muskeln werden weniger sperrig, Ihre Gelenke sind nicht länger der ständigen Abnutzung ausgesetzt, Ihr Hüftgold rundet Ihre Silhouette ab – und sobald Sie akzeptiert haben, dass sich der Verfall nicht stoppen lässt, wird Ihre Laune wieder großartig sein.

LUSTBILANZ IM UNGLEICHGEWICHT

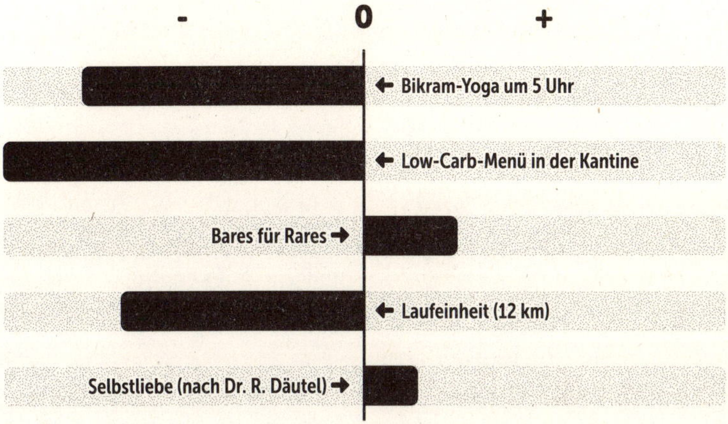

-       0   +

← Bikram-Yoga um 5 Uhr

← Low-Carb-Menü in der Kantine

Bares für Rares →

← Laufeinheit (12 km)

Selbstliebe (nach Dr. R. Däutel) →

AUS MINUS WIRD PLUS

Schon nach einem Tag, den Sie nach der 0%-Methode gestalten, werden Sie Ihren übertrieben agilen Mitmenschen so einiges voraushaben in Sachen Lebensqualität. Je öfter Sie das Selbstsuboptimierungsspiel spielen, desto positiver wird Ihre Lustbilanz ausfallen.

Es geht ganz einfach: Sie haben einen ganzen Tag Zeit, Punkte zu sammeln. Richten Sie sich nach der folgenden Liste und addieren Sie alle erreichten Punkte zu Ihrer persönlichen Lustbilanz.

6	Kalte Pizza zum Frühstück
6	Oreo-Milkshake zum Frühstück
10	Maximal 500 Schritte pro Tag
4	Keine Briefe geöffnet
4	Alte *Vera-am-Mittag-* oder *Richterin-Barbara-Salesch*-Folgen auf Youtube gebinged
2	Mindestens zwei Verschwörungstheoretiker-Podcasts gehört
8	Es ist ja jetzt legal: Kaufen Sie sich eine Bong. Das ist eine sehr große Wasserpfeife für Marihuana. Danach können Sie *noch weniger* als gar nichts mehr und wollen gleich noch einen Oreo-Milkshake!
6	SMS an den Partner/Love Interest: *Dies ist der schönste Tag meines Lebens*, dazu ein Selfie von unten mit Doppelkinn

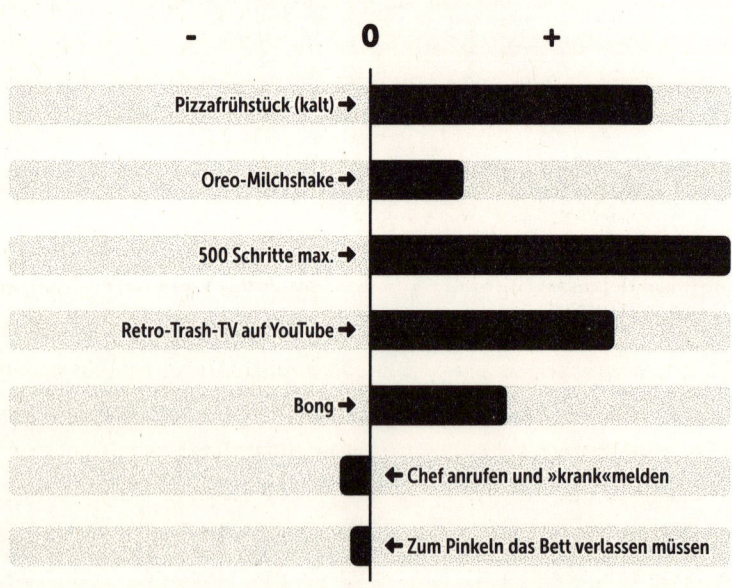

· 52 ·

Die Lustbilanz (die Lustsumme aller Aktivitäten) liegt deutlich im Positivbereich. Bitte üben Sie so lange, bis Ihre Lustbilanz an zwölf aufeinanderfolgenden Tagen im positiven Bereich liegt. Denken Sie daran: Sie sind die Gestalterin Ihres irdischen Glücks. Sie können unmöglich zur Arbeit gehen, weil Sie sich heute um etwas Wichtigeres kümmern: um sich selbst.

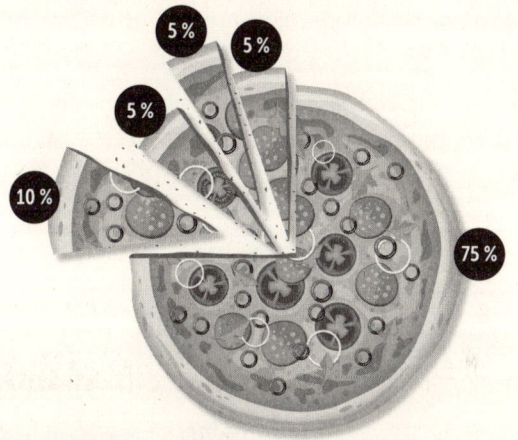

IDEALE ZEITAUFTEILUNG EINES NACH DER 0%-METHODE GELEBTEN TAGES

- 75 % auf der Couch liegen
- 10 % vor dem Kühlschrank stehen und essen
- 5 % mit fettigen Chipsfingern ein Mandala auf den Glastisch zeichnen
- 5 % am Fenster stehen und Nachbarkinder dafür loben, dass sie Klingelstreiche machen
- 5 % Atemmeditation in der Badewanne: tief ein- und ausatmen, mit Einweg-E-Zigarette, Geschmacksrichtung Blaubeere

Nachdem wir die Kunst der Selbstsuboptimierung perfektioniert haben, müssen wir uns daran erinnern: In einem suboptimalen Körper wohnt ein sehr suboptimaler Geist. Jetzt, wo Sie endlich ein paar Kilogramm Körpergewicht zur Reserve angesammelt und lästige Muskelmasse abgebaut haben, zieht Ihr Geist automatisch nach: Sie fühlen sich ein wenig stumpf, aber auch endlich frei und vor allem: grenzenlos entspannt.

Manchmal melde ich mich krank, um mir einen Tag Selbstsuboptimierung zu gönnen. Der wichtigste Schritt ist meiner Meinung nach, erst einmal alles abzusagen, was einen am hemmungslosen Erholen im Weg stehen könnte: lästige berufliche Zwänge, anstrengende private Verabredungen, unbezahlte Care-Arbeit und sinnlose Körperpflege. Haben Sie kein schlechtes Gewissen, nur weil Sie sich heute um sich selbst kümmern möchten. Eine Absage fällt schwer, doch Übung macht den Meister, und nach einigen Tagen werden Sie vielleicht manche Verabredung oder Verpflichtung schon absagen, bevor Sie sie überhaupt vereinbart haben.

Nach einem Tag Selbstsuboptimierung fühle ich mich wie neu geboren: wohlgenährt, stressbefreit, von allen Zwängen des Kapitalismus losgelöst. Wer niemals mehrere Talkshows aus den 1990ern hintereinander konsumiert hat, weiß nicht, was Wellness wirklich bedeutet.

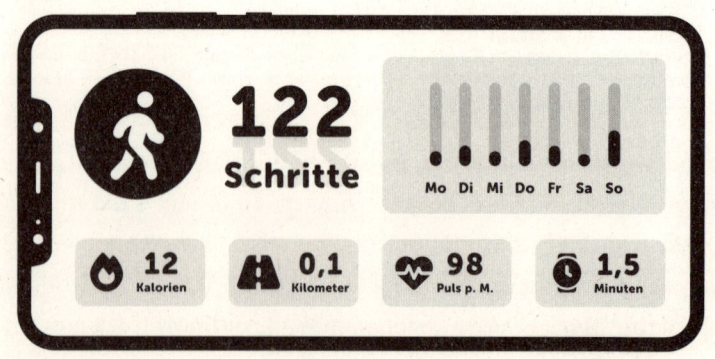

Bitte achten Sie darauf, sich nicht zu überanstrengen.

100 JAHRE ACHTSAMKEIT

Als Astrid und ich unser Selbstexperiment starteten, bestellten wir uns ungehemmt alle Megaseller der Selbstoptimierungsliteratur. So hatten wir bald einen beängstigend großen Stapel zusammengetragen. Wie Sie wissen, widmete sich Astrid zunächst der *Selfcare* (Selbstliebe), ich hatte mich auf *Mefirstness* (Achtsamkeit) eingeschossen. Mein Interesse für dieses Thema hatte ein Buch mit dem Titel *Achtsam abführen – 52 Meditationsübungen für das Örtchen der Stille* geweckt, das aber leider vergriffen war.

Leider vergriffen

Also nahm ich mir *100 Jahre Achtsamkeit* von Ian Bokot-Zinnober vor – dem Vater der US-amerikanischen *Mefirstness*-Bewegung.

Bokot-Zinnober hat jede Menge fernöstlich klingende Kalendersprüche zusammengetragen, Übungen aus der Praxis des Zen-Buddhismus übernommen, diese wissenschaftlich untersucht und für einfältige Westler wie Sie und mich aufbereitet. Diese Übungen, sofern regelmäßig und korrekt angewandt, sollen zu einem hundertjährigen Leben führen, das komplett frei ist von Stress, Sorgen, Genuss und Spaß jeder Art. (Bokot-Zinnober starb im Alter von 67 Jahren, weil man ihm ohne Vorwarnung einen Witz erzählt hatte.)

Als ich das Buch in die Hand nahm und das Schwarz-Weiß-Porträt des amerikanischen Zen-Mönchs betrachtete, durchfuhr mich eine ungekannte Energie. Ich spürte, dass eine Veränderung bevorstand. Sofort machte ich ein Selfie mit dem Buch – alle meine 43 Follower sollten davon erfahren.

ACHTSAMKEIT FÜR ANFÄNGER

Nachgerade aufgeregt war ich, als ich das Buch aufschlug. Das legte sich, als ich die etwas fade Einführung las. Bokot-Zinnober erzählte die Geschichte von einem Fliesenlegen im Wellnesskloster: Dem jungen Mönch war dabei ein Fehler unterlaufen, eine schief sitzende Kachel, die ihm nun bei jedem Toilettengang ins Auge sprang. Aber was hatte diese Geschichte mit mir zu tun? Mir war beim Fliesenlegen noch nie ein Fehler unterlaufen, schließlich hatte ich noch nie eine Fliese gelegt. Ich wollte Achtsamkeit, wollte *Mefirstness*, jetzt und sofort – also blätterte ich vor zur ersten Übung. Sie hieß »Auf Bäume achten«, und um ehrlich zu sein, war der Name der Übung bereits die Übung selbst.

Man sollte nämlich: auf Bäume achten. Auf Achtsamisch klingt das so:

DAS SAGT DER GURU: AUF BÄUME ACHTEN

Bei dieser Übung achten wir auf alle Bäume, denen wir in nächster Zeit begegnen. Wir sehen genau hin, betrachten die Blätter, die Rinde, die Äste, die Früchte – wir geben den Bäumen einen Namen, und den besonders netten schenken wir einen Kose- oder Spitznamen. Bäume urteilen nicht und wachsen über sich hinaus, dem Licht entgegen.

Auf Bäume achten und ihnen Namen geben – das sollte doch zu schaffen sein. Ich sah aus dem Fenster, und tatsächlich: Da stand ein Baum. Ich hatte ihn noch nie bemerkt. Hm. Welcher Name passte zu ihm? ... *Jörg*? Besonders nett fand ich ihn nicht, sonst wäre vielleicht ein *Jörgi* oder *Jojo* drin gewesen. War es das schon? Beachtet, *check*, ihm einen Namen gegeben, *check*. Ich wollte bereits mein Achtsamkeitsjournal aufschlagen und alles folgsam eintragen, sah zur Sicherheit aber noch einmal im Ratgeber nach. Irgendwie kam mir die Sache zu einfach vor. Und tatsächlich: Die Übung ging noch weiter.

DAS SAGT DER GURU

Wir bedanken uns bei den Bäumen. Wie selbstlos sie uns geben, was wir zum Atmen brauchen: Sauerstoff. Sie spenden Schutz vor Regen und vor starker Sonne. Und sie ertragen stumm unsere Unzulänglichkeiten und Fehler – ohne Tadel, ohne Wertung. Wir alle sollten wie Bäume sein. Umarmen wir einen unserer Freunde, so umarmen wir das Leben.

Das sagt Robbi

Umarmen?

Vollkommen ausgeschlossen, dafür müsste ich in den Wald fahren, damit mich niemand sieht. Und auch da würde ich mir doch bloß die Jacke einsauen und beim Umarmen des Baumes in einen schleimigen Pilz fassen.

Und bei Jörg und seinen Kumpels *bedanken*? Also – Bäume sind in Ordnung, aber sich bei ihnen dafür zu bedanken, dass sie herumstehen und als Abfallprodukt zufällig Sauerstoff ausscheiden? Welcher Baum bedankt sich bei *mir*, weil ich herumliege und selbstlos mein Kohlendioxid hergebe?

So ganz leuchtete mir das alles nicht ein, aber gut, ich fing ja gerade erst an.

Danke, lieber Baum, äh ... Theodor, murmelte ich also beim nächsten Baum, was mir vor mir selbst peinlich war. *Theochen ... Du bist ein geiler T...*

Weiter kam ich nicht, weil mir ein unfassbar köstlicher Bratwurstduft in die Nase zog.

Mit Achtsamkeit, alle Probleme der Welt lösen.

Datum: Heute

| Mo | Di | Mi | D̶o̶ | Fr | Sa | So |

Was habe ich heute für die Achtsamkeit getan?

Zwei Bäume beachtet: Jörg und Theodor.

Theochen war nett.

Was habe ich dabei empfunden?

Kreuze alle zutreffenden Worte in der Tabelle an. Hast Du etwas anderes empfunden? Dann trage die Begriffe in die leer stehenden Felder ein

Zufriedenheit	Stärke	Toleranz	Glück
Balance	Tiefe	Liebe	Innere Ruhe
Freude	Geduld	Zentriertheit	Lebendigkeit
Pein	Scham	Hunger auf Bratwurst	Kohlendioxid ist auch wichtig

Nun gut, es ist noch kein Guru vom Sofa gefallen. Ich war ja noch ganz am Anfang. Den nun folgenden Redundanzteil überblätterte ich, um rasch zur nächsten Übung zu gelangen, der ich mich am Wochenende widmen wollte. Ich hatte die Kinder beide bei mir, und bei den Yogamüttern aus Emmas Klasse war die *achtsame Erziehung* in jüngster Zeit *das* Topthema. Ich hoffte, mich beim nächsten Elternabend ins Gespräch einklinken und mit großer Selbstverständlichkeit von meinem achtsam verbrachten Wochenende mit den Kindern erzählen zu können.

ÜBUNG: JA SAGEN

Diese Übung mutete einigermaßen gewagt an, aber auch hier überzeugte mich das bestechend simple Regelwerk.

DAS SAGT DER GURU: »JA.«

Wir sagen »Ja«. Zu allem, was geschieht, zu jedem und immer. Auch ein buddhasanftes Nicken bedeutet Zustimmung, die wir vorbehaltlos allem entgegenbringen, selbst wenn wir schweigen. Unsere Welt ist neinlos.

Robbis achtsames Wochenende mit Tobi und Emma

Gleich am nächsten Morgen schlich ich mich auf die Straße, um das Leben als Jasager auszuprobieren – und draußen eine Zigarette zu rauchen. Ich hatte versäumt, fürs Frühstück einzukaufen, also steuerte ich schmauchend die Sparkasse an, um Geld abzuheben.

An den Geldautomaten herrschte bereits reges Treiben. Bald wurde einer frei, ich trat heran und schob meine Karte in den Schlitz, da klingelte mein Telefon. Mein neuer Bohrmaschinenklingelton, den ich durch wiederholtes In-die-Luft-Bohren selbst eingespielt hatte. Während ich mit der Rechten mein Portemonnaie umklammerte, die Zigarette im Mundwinkel, das Auge zugekniffen, fummelte ich mit der anderen Hand das Gerät aus der Innentasche. Die Mutter mit dem Zwillingskinderwagen am Nachbarautomaten versuchte, mich mit Blicken zu exekutieren. Ihre Zwillinge begannen zu weinen. Ich trat einen Schritt zur Seite. Wer konnte das sein? Es war meine Tochter Emma, sechs und hungrig.

»Papa? Tobias ist ein Arschloch!«

»Ja.«

Emma, zu Tobias: »Papa sagt auch, dass du ein Arschloch bist!«

Umgehend riss das zehnjährige Arschloch seiner Schwester das Telefon aus der Hand.

»Ey, Papa, die Kleine ist soo nervig.«

»Ja.«

Tobias lachte. Zu seiner Schwester rief er triumphierend: »Papa sagt, du nervst!«

Emma fing an zu weinen, Tobias wurde es zu viel.

»Oh Mann, ey, bin ich hier im Kindergarten, oder was? Ich will zu Mama!«, setzte er dem Geplärre entgegen.

»Ja.«

»Wie ... darf ich echt?«

Die Sache mit »Mama« ist die: Jedes meiner Kinder hat eine eigene. Was auf dem Papier erst einmal nach einem vorteilhaften Betreuungsschlüssel aussieht, führt in Wirklichkeit zu einem kompliziert auszutarierenden Besuchs-/Ferien-/Schulabholplan, der keinerlei Improvisation vorsieht. Dabei bin ich eigentlich ein eher spontaner Typ, immer für eine Überraschung gut. Ich bin, um ehrlich zu sein, *kontra* Planung. Dinge geschehen, und man reagiert darauf, weil man muss. Meine beiden Ex-Partnerinnen jedoch, so unterschiedlich sie auch sein mögen, haben eine Gemeinsamkeit – sie sind echte Zeitspießerinnen: Beide lieben durchgetaktete Terminkalender. Wenn man um 15:00 Uhr etwas einträgt, erwarten sie, dass man um 15:00 an dem verabredeten Ort materialisiert – gerade so, als könnte man zaubern!

Und in dieser engen Welt war nicht vorgesehen, dass Tobias das Wochenende bei mir bereits am Samstagmorgen beendete. Seine Mama, meine Jugendliebe Anita, hatte mir mitgeteilt, dass sie an diesem Wochenende den Besuch von ihrem zweiundzwanzigjährigen Tinderdate Joshua erwartete.

»Ich bin gleich wieder da«, versuchte ich das Gespräch zurück in die Realität zu manövrieren. »Ich hole eben noch Nutella und Brötchen.«

»Kannst du Cola mitbringen?«, fragte Tobias aus einer Laune heraus, er schien irgendwie zu spüren, dass heute Möglichkeiten in der Luft lagen.

»Ja, ich bringe Cola mit.«

Im Hintergrund endete Emmas Gejammer wie auf Knopfdruck, offenbar hatte Tobias, dieser kleine Hund, mich inzwischen auf laut gestellt. Emma meldete sich: »Ich will auch Cola! Und Gummibären! Kannst du Gummibären mitbringen?«

In ungewohnter Zweisamkeit teilten sich die beiden nun den magischen Telefonhörer, der Wünsche erfüllen konnte.

»Ja«, sagte ich, »Cola und Gummibären.«

»Ich nehme Chips zur Cola«, ordnete Tobias an, »und keine koffeinfreie Zero. Ich will endlich mal was spüren!«

Mir fiel ein, dass ich für all diese Dinge Geld brauchte, und so trat ich zurück an den Automaten, um den gewünschten Betrag einzutippen. Auf dem Dialogfeld war inzwischen das Bild eines glücklichen jungen Vaters mit zwei Kindern zu sehen. Die Kinder strahlten, als hätte es Cola und Gummibären zum Frühstück gegeben. Dann erschien eine geheime Botschaft auf dem Screen, nur für mich.

Wegen Zeitüberschreitung wurde die Karte eingezogen.

Bitte wenden Sie sich an einen unserer Mitarbeiter in der Filiale.

War ich am richtigen Automaten? Ich blickte nach links, die Zwillingsmutter war bereits verschwunden, eine ältere Dame trat an den Automaten und bemerkte meinen leeren Blick. Sie hielt mir fragend zwei Hunderter entgegen. »Die steckten noch im Schlitz, sind das Ihre?«

»Ja.«

Ich nahm das Geld entgegen. Die Frau mit dem Doppelkinderwagen kam zurückgeeilt, das blanke Entsetzen im Gesicht. An die alte Frau gewandt, fragte sie: »Haben Sie mein Geld gefunden? Ich musste mit den Kleinen zum Arzt und habe dabei ganz vergessen...«

Die Alte blickte böse in meine Richtung, die Zwillingsmutter folgte dem Blick, dann entdeckte sie die Scheine in meiner Hand. Auch vom anderen Automaten aus hatte mich inzwischen eine Teenagerin mit blauen Haaren, »ALL COCKS ARE BASTARDS«-T-Shirt und Kuhnasenring ins Visier genommen. Es ruhten nun sechs Augen auf mir, in denen zu gleichen Teilen bittere Enttäuschung, Entsetzen und tiefer Hass lag.

»Sie haben das Geld genommen, obwohl Sie wussten, dass es meins ist?«, fragte die Mutter mit erstickter Stimme.

Ich nickte in die Runde und schenkte allen drei Frauengenerationen ein buddhasanftes Lächeln. Über die Wange der Mutter lief eine Träne, die alte Dame schüttelte in Zeitlupe den Kopf, das blauhaarige Mädchen hielt ihr Handy hoch, um mich zu filmen. Dabei sagte sie: »Ey Leute, wir haben gerade diesen Boomer dabei überführt, wie er einer Mutter mit zwei Babys 200 € klauen wollte.«

Die Mutter nahm mir das Geld aus der Hand.

»Loser«, sagte die Teenagerin.

Ich lächelte und sagte: »Ja.«

DIE ZEITLUPENROSINE

Bei der nächsten Übung sollte ich mit geschlossenen Augen und im Schneckentempo eine Rosine essen. Mit den Rosinen ist das so: Ich habe sie stets als ein notwendiges, aber kleines Übel im Müsli wahrgenommen. Nicht schlimm genug, um die Mühe auf sich zu nehmen, sie auszusortieren – aber bei einem Müsli ohne Rosinen vermisse ich nichts.

Während ich mir nun mit geschlossenen Augen überachtsam eine kleine Portion Rosinenschleim zurechtkaute, hatte ich eine Weintraubenvision: Wie im Traum erschien mir eine knackige, saftige und süße Traube, Ursprung köstlicher Weine und roter Schorlen. Noch nie hatte ich eine Verbindung zwischen den Geschmäckern »Traube« und »Rosine« hergestellt. Doch nun offenbarte sich mir die Verwandtschaft der Traube zur Rosine: Denn hier, in meinem Mund, hatte ich ihre runzelige, faltige, geschwefelte Oma – alt, eingespeichelt und schmierig.

Explosionsartig übergab ich mich auf den Küchentisch.

ERKENNTNISSE

Alle Versuche, mit Achtsamkeit mein Leben zu optimieren, mich von meiner Umwelt abzugrenzen und mich selbst zu spüren, kann man als gescheitert betrachten.

Habe ich dennoch etwas gelernt?

- 👍 Ich soll den Bäumen dankbar für ihren Sauerstoff sein.
- 👍 Konsequentes Jasagen führt direkt in Hölle.
- 👍 Eine einzelne Rosine in Zeitlupe zu kauen ist widerlich.

👍 Ich bin extrem ungeeignet für die Praxis der Achtsamkeit.

👍 Ich möchte keine Achtsamkeitsübungen mehr machen.

ROBBIES GEHEIMER GEGENTEILTRICK

In diesem Zusammenhang möchte ich Ihnen einen meiner besten Tricks verraten: den *Gegenteiltrick*. Er geht so: Wenn Ihnen irgendetwas nicht guttut, nicht gefällt oder Sie spüren, dass eine Aussage nicht stimmt, Sie aber nicht genau benennen können, weshalb, dann denken Sie das genaue Gegenteil davon. So ermitteln Sie treffsicher, was gut für Sie ist.

Wendet man den Gegenteiltrick auf die Learnings aus meinem Ausflug in die Achtsamkeit an, ergeben sich folgende Aussagen:

👍 Ich soll den Bäumen dankbar für ihren Sauerstoff sein.

▸ *Die Bäume sollen mir dankbar für mein Kohlendioxid sein.*

👍 Konsequentes Jasagen führt direkt in Hölle.

▸ *Konsequentes Neinsagen führt direkt in den Himmel.*

👍 Eine einzelne Rosine in Zeitlupe zu kauen ist widerlich.

▸ *Eine ganze Handvoll Gummibärchen zu verschlingen ist göttlich.*

👍 Ich bin extrem ungeeignet für die Praxis der Achtsamkeit.

▸ *Ich bin extrem geeignet für die Praxis der Unachtsamkeit.*

👍 Ich möchte keine Achtsamkeitsübungen mehr machen.

▸ *Ich möchte mehr Unachtsamkeitsübungen machen.*

UNACHTSAMKEIT FÜR FORTGESCHRITTENE

Mit unserer Selbstsuboptimierung nach der 0%-Methode haben Sie bereits erste Erfahrungen mit angeleiteter Unachtsamkeit sammeln können. Wenn Geist und Körper ausreichend erschlafft sind, können wir durch Zuspitzung und Schwerpunktverlagerung der Übung noch einen Schritt weitergehen – nämlich indem wir *gar keinen* Schritt mehr gehen. Den Fokus setzen wir dabei auf eine ganz bestimmte Form des Medienkonsums. Das Ziel der Lustbilanzsteigerung ist hierbei nur ein Zwischenschritt auf dem Weg zur nächsten Stufe: die **absolute Nullprozentigkeit**.

ÜBUNG: DIE UNACHTSAME TV-REISE

Diese Übung für Fortgeschrittene erfordert zugegebenermaßen ein gewisses Maß an Planungsfähigkeit, doch der Ertrag ist jede Mühe wert. Im Zentrum steht eine nahezu in Vergessenheit geratene Kulturtechnik: das Zappen durch private Fernsehsender und Shoppingkanäle am unteren Ende der Senderliste. Zwar erinnert das Grundprinzip des ständigen Weiterschaltens ins Unbekannte an TikTok, doch ist das gute, alte, lineare Fernsehprogramm noch frei von Algorithmierung und wird nicht von Influencern und Content-Kreaturen dominiert. Bereits nach einer halben Stunde hat TikTok unser Gewische und Getippse entschlüsselt: Es weiß, worüber wir lachen müssen und ob wir zu Team Hund oder Team Katze gehören. Die sich niemals wiederholende Kurzclipsuppe, von chinesischer Mathematik in unsere Timeline gepumpt, entspricht zu 100 % unserem Geschmack.

Das Privatfernsehen hingegen ist so schlicht und dumm, wie es aussieht: Es sendet linear, also für alle zur gleichen Zeit dasselbe. Knapp die Hälfte des Programms widmet sich einer von Volltrotteln bevölkerten Parallelwelt, 35 % der Sendezeit machen Wiederholungen unterirdisch synchronisierter Serien aus, die restlichen vier Stunden und acht Minuten sind Reklame.

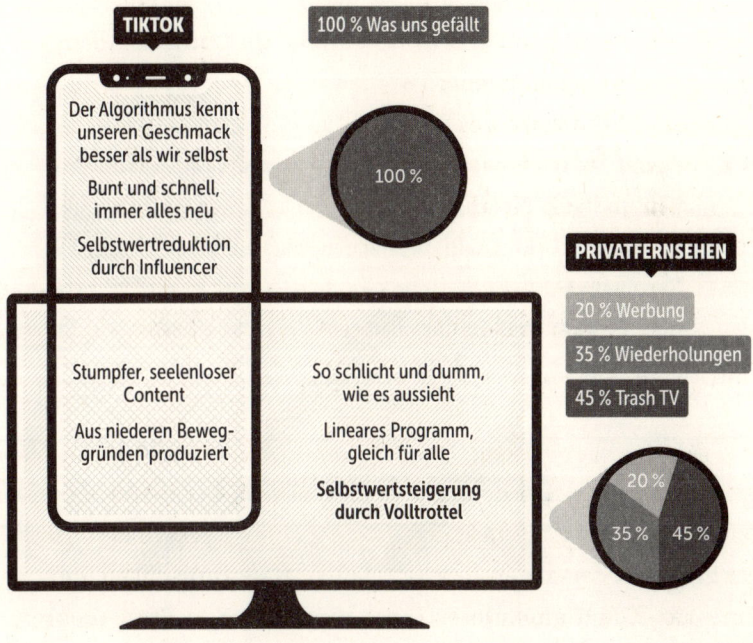

Ähnlich und doch ganz anders: TikTok (algorithmisiertes, vorliebenkonformes Endlos-Zapping) vs. Privatfernsehen (schlichtes Circle-Zapping)

Da sich unsere Sehgewohnheiten aufgrund von anhaltender Smartphonenutzung radikal verändert haben, lauert beim Fernsehen eine Gefahr – denn bei einsetzender Langeweile greifen wir reflexhaft zum Smartphone. Doch ist der Second Screen einmal gezückt, wird er schon bald zum First Screen – und die Übung ist gescheitert.

Daher müssen wir vor dem Antritt der unachtsamen TV-Reise leider ein paar Maßnahmen ergreifen, die mit Arbeit verbunden sind:

- 👍 Weil verhindert werden muss, dass Ihr Chef und Ihre Mutter Sie erreichen können, und um zudem ein Ausweichen auf den Second Screen zu unterbinden, müssen Sie Ihr Smartphone beim Nachbarn abgeben.
- 👍 Auch Laptops und Tablets müssen für die Dauer der Übung Ihrem Zugriff entzogen werden.
- 👍 Die Türklingel wird abgestellt.
- 👍 Damit Sie beim Zappen nicht auf einen Qualitätskanal stoßen und sich plötzlich für einen japanischen Arthousefilm (O-Ton mit Untertiteln) begeistern, müssen Sie in Ihrem TV-Receiver sämtliche Stationen löschen, die unter Verdacht stehen, Beiträge auf Bildungsbürgerniveau auszustrahlen. Erlaubt sind somit nur RTL II, DMAX, Astro TV, sixx und QVC.

DIE REISE BEGINNT

Im Sinne der fortdauernden Selbstsuboptimierung haben Sie sich eine Ein-Kilogramm-Dose Gummitiere besorgt, dazu mehrere Pappröhren gaumenergonomisch geformter Kartoffelchips sowie ausreichend Limonade oder Cola (Minimum: 10 % Zucker). Sämtliche Verbindungen zur Außenwelt sind gekappt, die Krankmeldung per E-Mail ist abgeschickt. Sie suchen noch ein letztes Mal für heute die Toilette auf, schlüpfen in bequeme Kleidung und begeben sich in eine gut gepolsterte, horizontale Position vor dem Fernseher. Da Sie sich für den Rest des Tages nicht mehr bewegen werden, ist es ratsam, Urinflasche und Bettpfanne griffbereit zu haben.

Jetzt kann Ihre unachtsame TV-Reise beginnen.

CIRCLE-ZAPPING

Beim klassischen *Circle-Zapping* schwebt der Daumen über der *Channel-down*-Taste und urteilt über die Entertainmentqualitäten des laufenden Programms wie einst der große Julius Cäser über das Leben der Gladiatoren. Gnadenlos saust der Daumen nach unten, wechselt die Sender, um am Ende der Liste sogleich wieder beim ersten Kanal anzusetzen. Dank unserer Vorbereitung befinden sich im *Station Loop* nur noch Kanäle, die ausschließlich Produktionen aus den Abgründen der Unterhaltungsindustrie senden. Und da der sensationell unterkomplexe Inhalt komplett frei von jeglicher ästhetischen Ambition oder künstlerischem Anspruch ist, zudem keine auf Sie zugeschnittene Inhaltsgestaltung stattfindet, wird Ihre Hirntätigkeit schon bald auf ein Minimum heruntergefahren.

Bestaunen Sie bei ausgeschaltetem Verstand die Protagonisten von Scripted-Reality-Formaten, Datingshows und Topfreinigungsritualen, genießen Sie das sanft schaukelnde Wechselbad aus Fassungslosigkeit, Langeweile und Mitleid. Nehmen Sie das Gefühl der Erhabenheit an. Wenn Sie sich nun eine Handvoll Gummitiere in den Mund stopfen, erreichen Sie den Zustand der *unachtsamen TV-Paralyse*, in welchem sich die wohltuend-sedierende Wirkung der **absoluten Nullprozentigkeit** vollumfänglich entfalten kann:

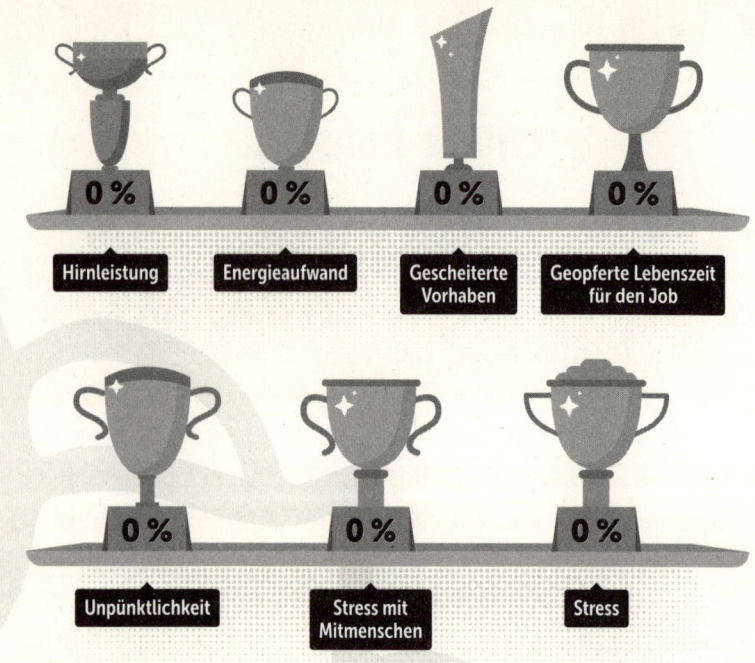

Hirnleistung	Energieaufwand	Gescheiterte Vorhaben	Geopferte Lebenszeit für den Job
0 %	0 %	0 %	0 %

Unpünktlichkeit	Stress mit Mitmenschen	Stress
0 %	0 %	0 %

ENTDECKUNGEN

👍 Sie sind ganz bei sich – zu Hause.

👍 Liegen ist besser als Laufen.

👍 Auch der Verstand liebt die großen Ferien.

👍 Es gibt Menschen, die deutlich dümmer sind als Sie.

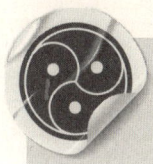

~ mantra ~

WER NICHTS MACHT, MACHT KEINE FEHLER.

Kapitel 2

Ordnung:
Alles muss rein

ASTRID GIBT 0 %

Ich erinnere mich noch gut daran, dass ich während meiner Kindheit für die Unordnung, die ich angeblich angerichtet hatte, ausgeschimpft wurde. In unserer Familie gab es zwei Lager: Mein Vater und meine große Schwester waren ordentlich, meine Mutter und ich neigten hingegen dem Chaos zu. Das ist jetzt liebenswürdig ausgedrückt, de facto waren wir beide der Albtraum jeder *Schöner-Wohnen*-Redaktion: Wie ein Tornado verwüsteten wir in Sekunden ganze Ordnungssysteme in Küchenschränken, Badezimmerschubladen und Bücherregalen. Meine Schwester Bea ordnete ihre Bleistifte, Hefte und Lineale geometrisch auf dem Schreibtisch an, ich vergaß mein Pausenbrot über die Sommerferien im Schulranzen und wunderte mich den ganzen August über den schlechten Geruch in meinem Zimmer.

Meine Mutter hasste das Aufräumen so sehr, dass sie, wenn das Chaos wirklich zu groß wurde, einfach alles in Plastiksäcke steckte – darunter auch die Steuerunterlagen meines Vaters, alle meine Schulhefte der dritten Klasse und vermutlich sogar ihren eigenen Ehering, den sie ungefähr 1990 kurz abgelegt hatte und der seit damals als vermisst gilt.

Heute denke ich: In Sachen Unachtsamkeit war meine Mutter Avantgarde.

DIE ANTIHEINZELMÄNNCHEN BRINGEN ALLES DURCHEINANDER

Den Kampf zwischen Ordnung und Unordnung gewannen meist meine Mutter und ich. Wenn wir einen Kuchen buken, sah unsere Küche danach aus wie eine Festivalwiese. Einmal kam mein Vater abends in mein Zimmer, ich war vielleicht 12 oder 13, lag zufrieden in meinem Bett, umgeben von Büchern, leeren Tellern, Kuscheltieren, Kleidungsstücken und Kassetten (für die Jüngeren unter uns: Kassetten waren ein Geduldsspiel der 80er- und 90er-Jahre, es ging darum, einen braunen Film möglichst schnell aufzuwickeln, ohne ihn zu zerreißen). Mein Vater sah mich entsetzt an, dann wanderte sein Blick langsam über mein Chaos, und schließlich sagte er mit leiser, trauriger Stimme: »Astrid, wie willst du denn so jemals einen Mann finden?«

Kurzum: Ich war bis zu meinem 30. Lebensjahr davon überzeugt, dass nachts kleine, gemeine Antiheinzelmännchen, sogenannte Gemeinzelmännchen, zu mir kämen, meine Wäsche zu kleinen Knäueln formten und absichtlich Dönersauce darauftropfen ließen.

Und was den Mann angeht: Vielleicht hatte Papa da recht. Aber immerhin bin ich inzwischen folgsame Nullprozentlerin, wenn es um das Thema Ordnung geht. Denn: Es gibt Teilbereiche des Lebens, deren Bedeutung völlig überschätzt wird. Dazu zähle ich nicht nur sinn- und spaßfreie Tätigkeiten wie Beinerasieren und Maniküre, sondern auch das Aufräumen. Wozu soll man sich anstrengen, wenn alles sowieso wieder nachwächst, rauswächst oder verschmutzt?

DER ENDGEGNER: ASTRIDS
SCHWESTER SUPERBEA

Meine große Schwester wohnt übrigens in einer dieser Neubauwohnungen, in denen alles weiß ist. Ich liebe sie, aber ich hasse die Wohnung. Ich bin sicher, dass meine Schwester, würde sie weniger auf gesellschaftliche Konventionen achten, mir permanent mit einem Spender Desinfektionsmittel hinterherlaufen würde. Ich bin jetzt 34, aber ich weiß, dass sie mich am liebsten beim Eintreten in ihre Wohnung in ihr Badezimmer zerren würde, um mir die Patschehändchen zu waschen. Meine Schwester fürchtet Fettflecken auf ihrem Glastisch wie der Teufel das Weihwasser. Sie staubsaugt jeden Tag, ihre Küche sieht aus, als hätte sie noch nie jemand benutzt (obwohl sie zwei Kinder hat und mehrmals täglich verschiedenste Köstlichkeiten für die unterschiedlichen Geschmäcker und Unverträglichkeiten ihrer lieben Kleinen zubereitet), und ihr Auto ist so sauber, dass ich es bedenkenlos stundenlang ablecken könnte, wenn ich dazu einen Grund sehen würde. Um es kurz zusammenzufassen: Beas Leben besteht nur darin, alles jederzeit perfekt zu machen, und deswegen ist sie immer abgehetzt und gestresst und über die Maße kontrolliert. Das merkt außer mir fast niemand, denn Bea beschwert sich nie, lächelt allen Kummer weg und hat, glaube ich, eine handfeste Putzneurose. Sie sieht ein bisschen aus wie eine dieser amerikanischen Republikanerinnen, die auf den Wahlauftritten immer gebleachte Zähne und geföhnte Haare haben, aber in echt Psychopathinnen sind, die ihre Hunde erschießen.

Meine Schwester kommt mich nur sehr ungern besuchen. Sie versucht, auf meiner Couch eine Stelle ohne Katzenhaare zu finden, holt sich dann den Schemel aus der Küche, und wenn ich ihr etwas zum Trinken bringe, hält sie das Glas erst einmal gegen das Licht und dreht es im Lampenschein. Lange bleibt Bea nie, und sie geht jedes Mal durstig nach Hause.

ROBBI HÄLT ES PRAGMATISCH

Ich habe zeit meines Lebens nach folgender Formel gelebt: Es ist Zeitverschwendung zu putzen, solange man den Schmutz noch nicht riechen kann. Als Heidemarie und ich damals zusammenzogen, behauptete sie, wenn man dreimal wöchentlich staubsauge, gehe es umso schneller, weil sich weniger Staub ansammeln könne. Was selbstverständlich eine absurde Rechnung ist: Eine Staubsaugerdüse muss mit demselben Energieaufwand über den Fußboden geschoben werden – egal ob sie zwei oder sechs Mikrogramm Staub aufsaugt. Erschwerend kommt hinzu, dass überhaupt kein Staub zu sehen ist, wenn man so regelmäßig saugt!

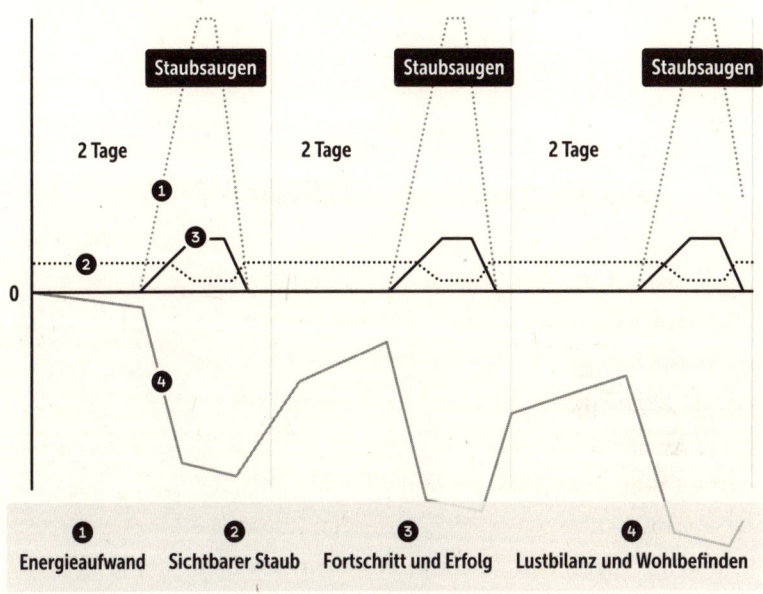

Staubsaugen

Staubsaugen

Staubsaugen

2 Tage

2 Tage

2 Tage

0

❶ Energieaufwand   ❷ Sichtbarer Staub   ❸ Fortschritt und Erfolg   ❹ Lustbilanz und Wohlbefinden

Die sisyphonische, erfolgsfreie Kräfteverbrennung: Saugt man alle drei Tage, kostet das enorm viel Energie. Gleichzeitig lässt sich so gut wie kein Fortschritt oder Erfolg spüren. Die Lustbilanz sinkt.

Dass wir mit der Zeit etwas viel Sinnvolleres hätten machen können – uns der körperlichen Liebe hingeben zum Beispiel –, ließ Heidemarie nicht gelten.

STAUBSAUGEN ODER LIEBE?		
3 x Staubsaugen pro Woche	3 x 25 Minuten	75 Minuten
macht im Jahr	3900 Minuten	65 Stunden
Durchschnittliche Dauer eine Beziehung von Paaren, die zusammenwohnen	8 Jahre	
Zeit für Staubsaugen in 8 Jahren	8 x 65 Stunden	21 Tage und 16 Stunden

Was würden Sie lieber tun: knapp zweiundzwanzig Tage lang staubsaugen – oder sich Liebesspielen hingeben?

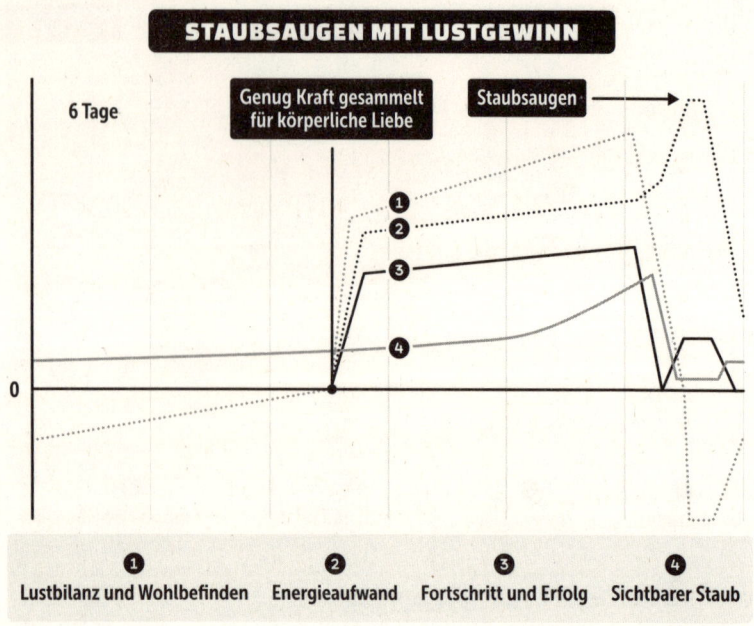

STAUBSAUGEN MIT LUSTGEWINN

6 Tage

Genug Kraft gesammelt für körperliche Liebe

Staubsaugen

0

① Lustbilanz und Wohlbefinden ② Energieaufwand ③ Fortschritt und Erfolg ④ Sichtbarer Staub

Saugt man nur einmal die Woche, sammelt sich ausreichend Kraft, um sich in der gewonnenen Zeit dem Liebespiel zu widmen. Die Lustbilanz steigt.

GESELLSCHAFTLICHE
KONVENTIONEN MACHEN ASTRID
DAS LEBEN SCHWER

Wir sollen leben, als könnte jeden Moment eine Interior-Blogge-rin hereinspazieren, um unser Wohnzimmer für Instagram zu fotografieren. Erinnern Sie sich an die Kondo-Methode? Vor eini-gen Jahren begannen die Leute, Videos zu posten, in denen sie ih-ren Besitz zu meterhohen Bergen anhäuften, dann nahmen sie jeden einzelnen Gegenstand in die Hand und fragten sich, *ob er Freude macht.*

Gegenstände, die Ihnen nach Meinung vieler Ordnungsgurus potenziell Freude bereiten könnten

Alles, was nicht sofort begeisterte Emotionen auslöste, landete auf dem Müll. Wahrscheinlich haben die Aufräumfreaks mittlerweile alles wieder nachgekauft, zumindest wird in der Welt mehr sinnloses Zeug denn je hergestellt, das erkennt man bei einem schnellen Blick in jedes beliebige Dekogeschäft oder bei einem Streifzug über Wochenmärkte. Wir alle kaufen jede Woche eine neue Welt aus Schrott: Fliesenreiniger, synthetische Unterwäsche, Betthussen, Adventskalender-Bastelsets, Osterkörbchen, Fingermassageringe. Ist es nicht traurig, dass sich am Ende der Welt jemand morgens aus dem Bett quälen muss, um den ganzen Tag Fingermassageringe herzustellen? Oder dass jemand jahrelang studiert, um dann als Textilingenieur saumfreie Herrenunterwäsche zu entwickeln? Und dass all das in riesigen Containern um die ganze Welt geschippert wird, nur damit es uns im Weg steht und verstaubt? Damit wir beim Kauf für drei Sekunden unsere innere Leere betäuben können?

Studien geben uns recht: Der Durchschnittsdeutsche besitzt weit über 10.000 Gegenstände, von denen 93 % vollkommen nutzlos sind – Robbi allein besitzt mindestens 3000 Platten mit schlimmstem Boomer-Rock.

ROBBI QUATSCHT DAZWISCHEN

Boomer-Rock???!!! Was weiß ein Millenial schon über Musik? Ich gehöre im Übrigen zur Generation X, zur besten aller Generationen. Man nennt uns auch *Slacker,* was extrem lässig ist, da es *Müßiggänger* bedeutet. Für uns hat sich Kurt Cobain seinerzeit das Hirn rausgepustet!

WOZU AUFRÄUMEN? DER GUIDE FÜR ALLE SCHLAMPINCHEN

Wie die meisten Leute wissen, dienen die verschiedenen Fächer und Regale in einem handelsüblichen Kleiderschrank dazu, Kleidung nach verschiedenen Kategorien zu sortieren. Wir geben zu, das Prinzip klingt sehr praktisch, aber den ganz großen Vorteil von zwei identischen Socken verstehen wir bis heute nicht. Es ist zeit- und ressourcensparend, sich mit einer schwarzen und einer blauen Socke zufriedenzugeben, die man unter der Couch gefunden hat, anstatt Stunden damit zu verbringen, die verlorenen Sockentwins wieder zu verpaaren. Es ist nämlich vollkommen egal: Sie können selbstverständlich einen Teil Ihrer Lebenszeit darauf verschwenden, zwangsneurotisch Unterwäsche auf Kante zu falten – Sie können es aber auch sein lassen. Die Frage, die uns als Kinder und Erwachsene beschäftigt, ist deswegen ganz simpel: Wozu sollte man aufräumen, wenn sowieso nach ein paar Tagen alles wieder unordentlich, staubig und schmutzig wird? Das Leben, das gesamte Universum ist Chaos und Dreck – Ordnung und Sauberkeit sind widernatürliche Zustände. Haben wir denn nichts von Ois-easy-phos gelernt?

> ## LASS DEN STEIN LIEGEN, SISYPHOS. ER ROLLT JA DOCH WIEDER INS TAL.

ALLES FLIESST

Auch die Forschung stützt unsere These: Der Psychologe Dr. Verhau von der LMU München hat herausgestellt, dass all unsere Aufräum-, Umsortier- und Regulierversuche schlichtweg verschwendete Zeit sind. Unterstützt wurden seine Forschungsergebnisse von der Vatikanischen Universität, Abteilung physikalische Raumphysik: Alles Aufräumen der Menschen ist vergebens, jedes Staubkorn in Ihrer Wohnung wird sofort von einem identisch aussehenden Korn ersetzt, auf jede gespülte Tasse folgt unweigerlich eine ungespülte.

Bei PANTA RHEI (esoterisch angehaucht altgriechisch für »Alles fließt«) handelt es sich um ein kosmisches Prinzip, das sich nicht außer Kraft setzen lässt. Es gibt nun mal eine festgelegte Menge an Teilchen im Universum, sie werden nicht weniger, nur weil jemand staubsaugt, und sie sind für immer im Fluss. Wenn wir versuchen, den Fluss zu stoppen, werden sich die Teilchen einen neuen Weg suchen und an anderer Stelle über das Ufer treten.

Der Energieaufwand, der nötig ist, um gegen dieses physikalische Prinzip anzugehen, sorgt bei uns für eine in den Negativbereich absinkende Lustbilanz. Es wiederholt sich das bekannte Muster: die sisyphonische, erfolgsfreie Kräfteverbrennung.

GELEBTER MAXIMALISMUS NACH DER 0%-METHODE: DIE MAGIE SELBSTWIRKSAMER, ORDNUNGSHEMMENDER GEGENSTÄNDE (SWOGS)

Unterlassene Aufräumhandlungen ergeben am offensichtlichsten Sinn, wenn wir gleichzeitig auch Gegenstände anhäufen, die potenziell ordnungshemmend agieren. Wir erinnern uns, diese Gegenstände sind zwar meist traurig und sinnlos, da aber auch Menschen, die nach der 0%-Methode leben, eine gewisse Ambiguitätstoleranz aufweisen sollten, haben wir uns für einen gemütlichen, kostenlosen, nachhaltigen Weg des Vollrümpelns entschieden: Wir nehmen alles aus Verschenkkartons mit, behalten jedes hässliche Geschenk und bedanken uns bei jedem Kind artig für die grässlichsten Basteleien, die wir in einer Vitrine im Wohnzimmer zeigen. Denn: Wer keinen Nippes, keine hässlichen Kühlschrankmagneten und keine Hinstellis hat, kann nicht beweisen, je gelebt zu haben.

Auch unser Ziel, die sisyphonische, erfolgreiche Kräfteverbrennung zu umgehen, scheint so erreichbar: Je mehr im Weg steht, desto mühevoller und sinnloser erscheint das regelmäßige Reinemachen. Jeder Keramikbierkrug und jeder Kunstblumenstrauß mahnt uns an den Ois-Easyphos-Zustand, den wir anstreben (= Selbstwirksamkeit). Eine leere Wohnung zieht weniger energetisch geladene Schmutzelemente an als eine vollgestopfte. In anderen Worten: Unsere Lustbilanz wird erneut angehoben, wenn wir eine ausreichende Anzahl selbstwirksamer, ordnungshemmender Gegenstände (SWOGS) haben, denn um sich mühevolles Abstauben, Drumherumwischen und Ausdemwegräumen zu sparen, müssen sie erst Gegenstände besitzen, die man abstauben, um die man herumwischen und die man aus dem Weg räumen müsste.

Deshalb: Sammeln Sie großzügig alles an. Dies nicht zu tun wäre ohnehin sinnlos, denn auch für jeden einzelnen Gegenstand gilt: Alles fließt. Verkacken Sie es mit dem Minimalismus. Jedes Objekt, das in einem Pappkarton »ZU VERSCHENKEN« auf der Straße landet, wird von jemand anderem auf den Kaminsims gestellt. Jede Barbiepuppe, die jemand anderes in den Restmüll wirft, feiert irgendwann dank Recycling Wiederauferstehung. Das heißt im Umkehrschluss: Es kann auch alles gleich in der Urform zu Ihnen.

PANTA RHECYCLING IN DER MARKTWIRTSCHAFT

Jedes Objekt, das in einem Pappkarton mit der Aufschrift »ZU VER-SCHENKEN« auf der Straße landet, wird von jemand anderem auf den Kaminsims gestellt. Jede Barbiepuppe, die jemand anderes in

den Restmüll wirft, feiert irgendwann dank Recycling Wiederauferstehung. Das heißt im Umkehrschluss: Es kann auch alles gleich in
der Urform zu Ihnen. Stöbern Sie also nach bunten Dekogläsern von
Leonardo, in denen sich bald Staub sammeln kann, nehmen Sie jeden Klassiker aus der Bücherkiste mit, in den sie garantiert nie einen
Blick werfen werden *(Die große Yoga-Fibel, Die Bibel)*, verzieren Sie
alle freien Regalflächen mit bunten Tüchern aus Südostasien, reißen
Sie in jedem Wartezimmer Parfümproben aus den Zeitschriften, um
sie im Bad liegen zu lassen, verteilen Sie im ganzen Haus Figuren
aus dem Überraschungsei, die zudem eine sichere Wertanlage sind
und sich bestimmt bald zu begehrten Sammlerobjekten entwickeln.

NOCYCLING MIT SWOGS

Gegenstände, mit denen sich Astrid gerade das Bett teilt (exklusive Federbett und Kissen)

- 👍 2 von 4 Katzen (spart Heizkosten)
- 👍 Eine gute Handvoll Katzenhaare (eventuell sammeln, um später einen Pullover zu stricken)
- 👍 Vier Romane (Bücher kauft man in den seltensten Fällen, um sie zu lesen, aber sie vermitteln das gute Gefühl, dass man sie jederzeit lesen *könnte*)
- 👍 Eine Fernsehzeitschrift vom letzten Monat (es kommt eh immer das Gleiche)
- 👍 Ein benutzter Teller (Zweitverwendung Aschenbecher)
- 👍 Zwei Kabel mit unbekannten Anschlüssen (kann man immer brauchen)
- 👍 Eine Tube Handcreme (leer)
- 👍 Zwei Kinderriegel-Folien (sorgt für wohlige Kaminknister-Soundatmosphäre)
- 👍 Eine Fernbedienung (eventuell von der Heißluftfritteuse)
- 👍 Epilierer (falls Besuch kommt)
- 👍 Ein Erinnerungsschreiben von unseren Verlegern aus der Südslowakei (dringlich)
- 👍 Vape Blaubeere (lecker, macht süchtig)
- 👍 Bedienungsanleitung auf Tschechisch (vermutlich von der Heißluftfritteuse)
- 👍 Nagelfeile
- 👍 Eine weitere Katze (unter dem Kopfkissen versteckt)

ES HAT SICH AUSGEMARIEKONDOT: ANGEWANDTE UNACHTSAMKEIT NACH DER 0%-METHODE

Bevor wir weiter über das Thema Unordnung sprechen, möchten wir Sie bitten, die nächste in Greifweite erreichbare Schublade aufzuziehen. Sie liegen auf der Couch und sind zu faul aufzustehen? Dann dürfen Sie einfach weiterlesen und eine kleine Traumreise unternehmen. Sie sind ambitioniert genug, eine Schublade zu öffnen? Dann lassen Sie uns einen Blick hineinwerfen.

Der Blick ins Maximale

Ist Ihre Küchenschublade voll mit staubigen und gleichzeitig klebrigen Gewürzgläschen, die Sie im Januar 2007 gekauft haben, als Sie voller guter Neujahrsvorsätze waren und sich vorgenommen hatten, ab jetzt leicht, raffiniert und exotisch nach Ottolenghi zu kochen? Gewürzgläschen, von denen die Hälfte nie geöffnet wurde? Befinden sich in Ihrer Schreibtischschublade jeweils zahllose Stifte, Wachsmalkreiden, ungeöffnete Briefe, tote Insekten und noch mehr ungeöffnete Briefe vom Finanzamt? Können Sie Ihre Schublade gar nicht öffnen, weil sich eine Schere verkeilt hat?

Wenn irgendetwas davon auf Sie zutreffen sollte, ist das ein gutes Zeichen! Sie haben offensichtlich Besseres zu tun, als klebrige Gewürzgläschen in die Luft zu halten und sich zu überlegen, ob sie bei Ihnen Freude auslösen. Nach Ansicht führender 0%-Experten gehören Sie zu dem kleinen, aber wachsenden Kreis tiefenentspannter Mitbürger.

Wenn Sie allerdings noch nicht so weit sind, ist es Zeit, die folgende Selbstsuboptimierungsübung durchzuführen.

Übung: Unordnung herzeigen

Wie lernt man einen lockeren Umgang mit der eigenen Unordnung? Indem man sie der Welt zeigt! Beweisen Sie Ihrer Umwelt, dass Sie Ihre Prioritäten richtig setzen. Statt Staub zu wischen und auf dem Boden liegende Socken und Handtücher einzusammeln, essen Sie lieber noch eine Packung Eiscreme. Es gilt, diese Haltung Ihrer Umwelt zu vermitteln. Laden Sie zu Ihrem Wunschtermin Ihre drei pingeligsten Freundinnen, Ihren steifen Kollegen und, falls vorhanden, Ihre Schwester Superbea zu sich nach Hause ein.

Vorbereitung

Was ist nun also zu tun? Verweigern Sie das Aufräumen komplett. Es gibt keinen Grund, Wäsche gefaltet in den Schrank zu legen. Wieso sollte man Altglas wegbringen, wenn man es auch hinter der Küchentür sammeln kann, um sich beim Hereinkommen an dem schönen, zufallsgenerierten Klang eines klirrenden Flaschendominos zu erfreuen? Wenn Sie sich fragen, was die Leute denken, die Ihr Arrangement aus leeren Pizzakartons neben dem Bett sehen: Ihr Besuch wird, wie bei jedem spirituellen Erweckungserlebnis, sich erst wundern, dann staunen und schließlich erkennen, dass Sie ein Genie sind – weil Sie die 0%-Lehre ohne Kompromisse vorleben. Sie sind ein Yin-Fluencer, ein idealer Gastgeber, ein Vorbild für alle Gehetzten und Gestressten – aber nun müssen Sie sich erst einmal daran gewöhnen, dass man Sie in Ihrem neuen Kosmos kennenlernt. Gleich kommen Ihre Gäste!

Ist das Ihre Küche? Super!

Gedächtnisstützen

Doch die Putzmittelindustrie arbeitet mit unfairen Methoden: Mit Werbeclips wird uns seit unserer Kindheit suggeriert, dass alles zu glänzen hat – dass sich nur in aseptischen Wohnungen mit spiegelweißem Steinfußboden das ganz große Glücksgefühl einstellt. Niemand kann sich dem Einfluss der Sauber-und-glänzend-Lobby vollständig entziehen. Wenn Sie sich also bei einer internalisierten, aufräumenden Handlung erwischen, seien Sie nachsichtig. Schenken Sie sich ein schönes Lächeln und verschmutzen Sie danach aktiv mehrere gut sichtbare Stellen in Ihrer Wohnung (Waschbecken, Fenster, Herd) – diese Stellen werden Sie stets an Ihr Vorhaben erinnern. Auch das Hinterlassen von geschnittenen Fußnägeln auf dem Couchtisch kann eine hervorragende Gedächtnisstütze sein.

Hereinspaziert!

Nun sind Sie bereit für Ihren spaßbefreiten Besuch, den Sie zu einem gemütlichen Abend zu sich nach Hause eingeladen haben. Sie können auch gern einen schlecht gealterten Film aus den frühen Achtzigerjahren vorschlagen. Bestellen Sie Pizza, stellen Sie genügend krümelnde Snacks zu den Fußnägeln und kredenzen Sie ungekühlte, zuckrige Softdrinks in Plastikflaschen, die Sie idealerweise nicht ganz geschlossen auf dem Fußboden in unmittelbarer Nähe zu Ihrem Sofa platzieren.

NEUER SCHMUTZ IST GUTER SCHMUTZ

Räumen Sie auf dem Sofa gerade so viele Klamotten, Joghurtbecher und Decken zur Seite, dass Sie mit Ihren Bekannten auf unnatürlich beengte Weise dort sitzen können. Und: Empfangen Sie Ihren Besuch entweder im Jogginganzug oder im Pyjama. Irritierte Gesichter? Wunderbar, ein guter Anlass, sich locker zu machen! Lehnen Sie sich zurück und zeigen Sie ihnen, wie man ein handtellergroßes Stück Pizza in einem Biss verzehrt. Ihre Freunde sind anfangs vielleicht etwas zögerlich, sie sind ja schließlich gewohnt, dass Sie im kleinen Schwarzen aufmachen, Leinenservietten bügeln und drei Gänge kochen, aber damit ist es vorbei. Sie müssen sich nicht mehr für Ihre Wohnung schämen, für Ihr Outfit schon gar nicht, seien Sie stolz auf Ihre Entspanntheit, die sich sicherlich in Kürze auch auf Ihre Umwelt übertragen wird.

Entdeckungen

Sie haben plötzlich so viel Zeit! Zeit, die Sie sparen, weil Sie nicht mehr aufräumen und sich nicht mehr zurechtmachen müssen. Sie sparen aber auch viel Zeit, weil Sie nicht mehr darüber nachdenken müssen, was der DHL-Bote wohl von Ihnen halten möchte, wenn bei Ihnen drei Paar schmutziger Schuhe im Flur stehen. Stattdessen liegen Sie schmunzelnd auf der Couch und betrachten Ihre SWOGs und vertrödeln Ihre dazugewonnene Zeit. Ois-Easyphos muss man sich als maximal entspannten Menschen vorstellen. Wie Sie die neu gewonnene Zeit nutzen können, entscheiden Sie – für Spätfolgen könnten Sie das Kapitel »Kinder« lesen.

~ mantra ~

**WIEDERHOLE NICHT,
WAS SINNLOS IST.**

Kapitel 3

Karriere:
Wer nicht erbt, muss
arbeiten

ARBEIT UND KRANKHEIT

Arbeit und Krankheit sind die siamesischen Zwillinge unserer Zeit – das eine scheint ohne das andere nicht möglich zu sein:

Entweder wir *machen* krank, weil wir sonst zur Arbeit müssten.

Oder wir *werden* krank – weil wir zur Arbeit gegangen sind.

Ich weiß, wovon ich spreche. Im Gegensatz zu meinem Vermieter muss ich für mein Geld arbeiten. Denn ich muss Essen bestellen, gleich vier defizitär arbeitende Streaminganbieter vor dem Ruin retten, in den Urlaub fahren – und Unterhalt ist auch noch zu zahlen. Die Kinder wollen unnachvollziehbarerweise ebenfalls in den Urlaub. Gerade so, als müssten sie sich von irgendetwas erholen! (Siehe Kapitel *Kinder und Kinderlosigkeit,* Seite 147)

ARBEIT, DIE FREUDE BEREITET

Die wenigsten von uns haben das Privileg, einem Beruf nachzugehen, der Freude bereitet. Worauf wir uns freuen, ist der Feierabend: Wir arbeiten, um uns am Wochenende daran zu erinnern, weshalb wir leben und wovon wir träumen. Wir haben vielleicht sogar ein *Projekt*, dem wir uns in unserer Freizeit widmen. Aus dem Hobby könnte eines Tages ein Business werden!

Doch leider sind wir zu erschlagen von der Arbeitswoche und brauchen erst mal einen Tag Pause. In der Regel gehört zu unserem Pausenprogramm, dass wir uns mit im Supermarkt erhältlichen Trinkdrogen überstimulieren. Was zu einer steil nach oben schnellenden Lustbilanz führen kann, die jedoch ebenso steil wieder in den Minusbereich abstürzt – wo wir den gesamten nächsten Tag mit Kopfschmerzen verbringen. Wenn dann irgendwann ein Klingeln durch unsere Träume rasselt, wir die Augen aufreißen und die Nummer vom Chef auf dem Display erblicken, ist bereits Montagmorgen. Mit der Zeit verschieben wir unser *Projekt* endgültig in die Träume – oder in die Rente.

Künstler müsste man also sein! Hin und wieder etwas Farbe auf Leinwände klatschen, sich auf Vernissagen legendär danebenbenehmen und immer schön Hummersuppe mit Heroin zum Frühstück. Hauptauftrag: gesellschaftliche Konventionen brechen, Finger in Wunden bohren und Geld verbrennen. Wie heißt es doch gleich im Werk *Gut zu kommen ist besser, als anzureisen* des berühmten Philosophen Poesial Bum Wandtatuu?

TRÄUME
NICHT DEIN LEBEN
LEBE DEINEN
Traum

Doch leider ist das Humbug. Denn wenn ich mir nicht gerade ausmale, Künstler zu sein, dann träume ich doch zumindest von einem Leben als Millionärssohn, der auf einer Koalabärenranch zur Welt gekommen ist, mit Assistent, Koch, Personal Trainer und Leibarzt. Laut dem weisen Herrn Wandtatuu soll ich dieses Leben nicht bloß träumen – ich soll diesen Traum leben. Einfach so. *Als wäre das meine Entscheidung!*

Wenn wir Sie, liebe Leserinnen und Leser, mit nur einem Erkenntnisgewinn aus dieser Lektüre entlassen dürften, dann wäre es wohl dieser:

TRÄUME KEINE TRÄUME, ## ÜBERLEBE DEIN LEBEN.

Auch ich habe mich einst der naiven Illusion hingegeben, dass ein kreativer Beruf der Schlüssel zu einem erfüllten Leben sein würde. Deshalb machte ich mich als Reklame-Eilewomisa[2] selbstständig: Ich habe schon immer gern, wenn auch mittelmäßig gezeichnet, verfüge über ein solides Gefühl für Wortaneinanderreihungen und habe das eine oder andere Layoutsoftware-Tutorial so lange angesehen, bis mir die kieksende Stimme des fünfzehnjährigen Tutors auf den Zeiger ging. Selbstverständlich wissen mein gesamter Bekanntenkreis und auch die liebe Verwandtschaft, dass ich das alles sooo gern mache. Deshalb darf ich für sie ständig meiner beruflichen Leidenschaft nachgehen – im Tausch gegen wundervolle Gefälligkeiten, Naturalien oder Mindestlohn auf außereuropäischem Niveau. Ich setze Visitenkarten, gestalte Logos und Maskottchen und layoute Hochzeitszeitungen, die ich auch redaktionell betreue. Hier ein kleiner Überblick, was ich in meiner Karriere als Reklame-Eilewomisa bereits zu welchem Kurs kreieren durfte:

---

[2] *Akronym aus Eierlegende Wollmilchsau (Kakophemismus für Multitalent)*

KUNDE	MOTIV	AUFWAND	LOHN (VOR STEUER)
DARMKÄRCHER – ein Kräuter- und Pflanzenferment zur Darmreinigung (Start-up des Nachbarn eines Freundes einer Freundin)	**Darma, die Darmfee** (kackbraune Fee mit Bürstenkopf, Besen aus Kräutern, die Kotbrocken aus dem Enddarm fegt)	4 Tage, 7 Änderungsschleifen	250€ inkl. aller Nutzungsrechte weltweit für immer
KITA Satansbratenbande (das linksalternative, antiautoritäre Kita-Kollektiv von Emma)	**Luzi & Beelzebubi** (zwei gehörnte Kinder, Junge und Mädchen, mit Klumpfuß, Dreizack und rot glühenden Augen, die eine Erzieherin foltern)	3 Tage Illu 8 Stunden Diskussion insgesamt (in vier Sitzungen) mit der Arbeitsgruppe »Propaganda und Agitation« im Stuhlkreis auf Kinderstühlen	Wer keine Elternarbeit leistet, muss Strafe zahlen.
PUSSI ON THE FLY – die 60-MinutenWerkstatt mit dem achtsamen Service	**PUSSI – der Alleskönner** (pinkes Oktopusmaskottchen im Blaumann, das auf einer riesigen Stubenfliege sitzt. (ON THE FLY) In den acht Tentakeln hält es: Schraubenzieher, Hammer, Kreuzschlüssel, Ölkanne, Benzinkanister, Eimer, Schwamm, ein Tentakel formt ein Herz)	2 Tage	Einmal gratis durch den TÜV (habe kein Auto)
Die **JGA-JVA** Motto-Event-Location für Junggesell:innenabschiede in einem ehemaligen Gefängnis	**CI, Website, Flyer und Poster für die JGA-JVA-24h-Opening-Party** (mit vielen Flatrate-Themenbars und zahlreichen Attraktionen: Verhörraum, Stripclub, Einzelzelle, Gruppendusche und Schaumparty im Gefängnishof)	2 Monate, weil der Inhaber sein Konzept ständig änderte	0€ Der Betreiber meldete kurz vor der Eröffnung Insolvenz an und kam ins echte Gefängnis

FREIBERUFLICHKEIT VS. FESTANSTELLUNG

Mein Arbeitsleben im Kreativbusiness verläuft in einem mehr-jährigen Zyklus: Etwa alle drei Jahre wechsele ich von der Frei-beruflichkeit in eine Festanstellung, wo es mich für einen ebenso langen Zeitraum hält. Die Freiberuflichkeit ist hierbei klar mein präferiertes Modell: Ich war schon vor Corona ein riesiger Fan des Homeoffice. Große Teile meiner Aufträge im Liegen erledigen zu können, flexible Arbeitszeiten sowie die Abwesenheit von Kolle-ginnen und Chefs – das sind unschlagbare Argumente für einen Nullprozentler. Meine Unfähigkeit zur Selbstvermarktung, mein nicht vorhandenes Verhandlungsgeschick, meine Zeitblindheit und meine recht ausgeprägte Abneigung gegen Telefonate mit Un-bekannten, gepaart mit einem absoluten Unverständnis aller Do-kumente, die in Vertragsdeutsch verfasst sind oder den Themen-komplex »Steuern« streifen, sorgen jedoch dafür, dass ich mich in meinen Freelancer-Phasen langsam, aber sicher in den Ruin wirt-schafte. So sehe ich mich stets nach ein paar Jahren gezwungen, mir eine Festanstellung in einer Werbeagentur zu suchen.

In dieser Branche werden glücklicherweise bevorzugt neurodiver-gente Normnonkonformisten eingestellt, sodass ich immer wieder problemlos Unterschlupf in einem der großen Massenmanipula-tionsbetriebe finde. Noch nie wurde ich bei einem Vorstellungs-gespräch nach Zeugnissen oder anderen Ausbildungsnachweisen gefragt. Ein Lebenslauf mit einem interessanten Lückenschema zählt in dieser Welt, in der das *Out-of-the-box*-Denken die wichtigste Währung ist, wesentlich mehr als jedes Zertifikat. Sie können sich also sicher sein, dass die Kreativabteilung einer Werbeagentur zu 100 % aus Menschen besteht, die von der gesellschaftlichen Norm abweichendes Verhalten an den Tag legen und die zudem spektakuläre Störungen und Psychosen im Angebot haben. All diese Kreativpersönlichkeiten sind zudem mit einem Übermaß an Spieltrieb, Sendungszwang und Masochismus ausgestattet, quasi hyperaktive, angstfreie Kinder in Erwachsenenkörpern, die Grenzsituationen suchen und nichts Falsches daran sehen können, ihre gesamte Kreativität und zuweilen sogar künstlerische Begabung in den Dienst eines Konzerns zu stellen. Als *team member* der *Kreativ-Unit* einer Werbeagentur sind Sie umgeben von Menschen mit Vollklatsche, die ihr Geld mit der Entwicklung von perfiden Kaufimpulslenkungsstrategien verdienen. Und Sie sind einer davon.

Deshalb halte ich es selten länger als drei Jahre am Stück in einer Werbeagentur aus. Doch das deutsche Arbeitsrecht bestraft die Mutigen: Wer aus freien Stücken kündigt, ist selbst schuld und bekommt drei Monate lang keine Unterstützung von Väterchen Staat. Wer jedoch gekündigt *wird*, hat sofortigen Anspruch auf ein Jahr Arbeitslosengeld. Somit beginnt nach zwei Jahren Festanstellung der Prozess der *schleichenden Kündigung* (sK), dessen Ziel die Entlassung durch die Geschäftsführung ist.

DAS DEUTSCHE ARBEITSRECHT BESTRAFT DIE MUTIGEN.

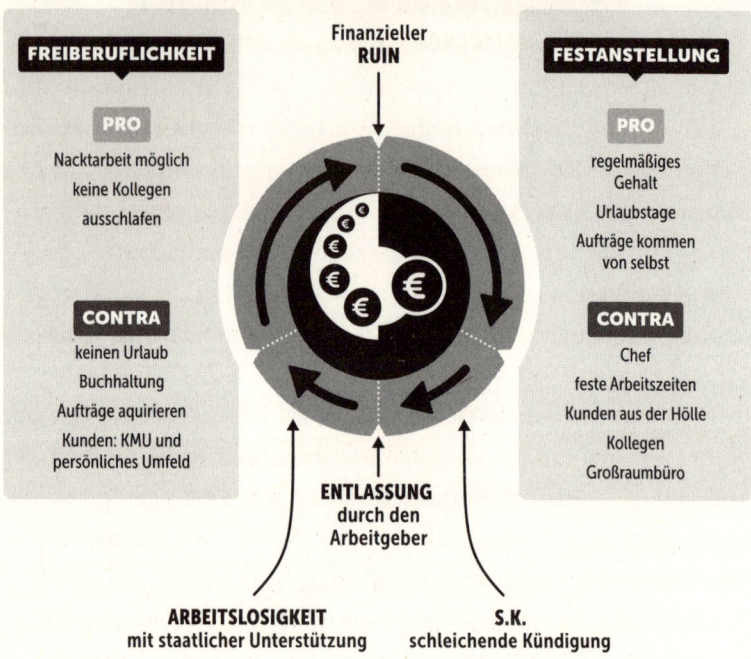

DER DÄUTEL'SCHE ARBEITSZYKLUS

Finanzieller
RUIN

FREIBERUFLICHKEIT

PRO

Nacktarbeit möglich
keine Kollegen
ausschlafen

CONTRA

keinen Urlaub
Buchhaltung
Aufträge aquirieren
Kunden: KMU und
persönliches Umfeld

FESTANSTELLUNG

PRO

regelmäßiges
Gehalt
Urlaubstage
Aufträge kommen
von selbst

CONTRA

Chef
feste Arbeitszeiten
Kunden aus der Hölle
Kollegen
Großraumbüro

ENTLASSUNG
durch den
Arbeitgeber

ARBEITSLOSIGKEIT
mit staatlicher Unterstützung

S.K.
schleichende Kündigung

Mit dem Toolset der 0%-Methode lässt sich die sK nicht nur be-
schleunigen, es lässt sich in der Regel auch eine sofortige Freistel-
lung bei voller Lohnfortzahlung aushandeln. Sie müssen lediglich
dafür sorgen, dass die Geschäftsführung Sie so schnell wie möglich loswerden möchte. Dies erreichen Sie, indem Sie möglichst
viele Yin-Yin-Yin-Situationen kreieren, wofür die personelle wie
räumliche Struktur und die Abläufe in einer Werbeagentur man-
nigfaltige Ansatzpunkte bieten. Da es sich um einen komplizierten
Vorgang handelt, wollen wir uns ansehen, wie Sie die angewand-
te Yin-Philosophie im Alltag einer Werbeagentur nutzen können,
um Argumente für Ihre Kündigung sammeln zu können.

DIE BESCHLEUNIGTE
SCHLEICHENDE KÜNDIGUNG
MITHILFE DES YIN

Ein großer Teil der *beschleunigten schleichenden Kündigung* (bsK) besteht aus dem, was jeder Nullprozentler am besten und am liebsten tut: nämlich nichts. Das Yin steht für Willensschwäche und Passivität. Übertragen auf Ihre Rolle als Arbeitnehmer, bedeutet das: Sie fahren Ihr Engagement für die Firma, die Bereitschaft zu unbezahlten Überstunden und die im Tagesgeschäft nicht ganz unwichtigen Eigenschaften *Pünktlichkeit* und *Zuverlässigkeit* **auf 0 % herunter.**

👉 Kommen Sie »Monday, Monday« pfeifend eine halbe Stunde zu spät ins Montagsmeeting.

👉 Markieren Sie eintreffende E-Mails von Kunden ungelesen als Spam.

👉 Machen Sie mit dem Kopf auf der Schreibtischplatte ein Nickerchen. Wie lange dauert es, bis man Sie weckt oder anspricht? Wiederholen Sie den Test alle zwei Tage. Mit der Zeit wird sich im Kollegium ein Gewöhnungseffekt einstellen, sodass *Desktop-Nap*-Einheit von bis zu zwei Stunden pro Tag möglich sind.

👉 Arbeiten Sie *exakt* so lang, wie in Ihrem Arbeitsvertrag steht. Stellen Sie sich hierfür einen alten, mechanischen Wecker, den Sie in Ihrer Schreibtischschublade deponieren. Sobald der Wecker schellt, springen Sie auf und verlassen grußlos das Büro – egal was Sie gerade tun.

👉 Als Raucher haben Sie das Recht, regelmäßig das Gebäude zu verlassen, um Ihrer Sucht zu frönen. Machen Sie von dieser Zweiklassenbehandlung der Arbeitnehmer:innen ausgiebig Gebrauch. (Falls Sie nicht rauchen, ist jetzt der richtige Zeitpunkt, damit zu beginnen.) Steigern Sie die Zigarettenanzahl von Tag zu Tag, und kündigen Sie jede Zigarettenpause an, indem Sie aufstehen, sich räkeln und lautstark wechselnde Sprüche aufsagen. Hier ein paar Ideen für den Einstieg:

ZIGARETTENPAUSEN-ANKÜNDIGUNGS-SLOGANS

(im Philosophentonfall deklamiert, mit entsprechender Gestik)
»Fumus ergo sum!«

(gähnend gesprochen)
»Jetzt erst mal ne schööööööööne Aktive in'n Hals!«

»Hörst du das auch?«
(sich hektisch umsehen)
»Ich glaube, Nikotina ruft!«
(fluchtartig das Büro verlassen)

(heiser geflüstert, sich die Hände reibend)
»Ich werde mir jetzt ein ganz, ganz wunderbares Filterzigarettchen gönnen!«

(ruckartig hochschnellen und mit ausgebreiteten Armen im Falsett singen)
»ZIEH-GAAA-RETT-TTEEEEEEEE!«

»Hatschi–Tabbacchi!«
(lautstark niesen, dabei mit Kippe in der Hand salutieren)

Da Sie Ihre Kreativleistung für die Agentur bereits **auf 0 % heruntergefahren** haben, können Sie die nun frei gewordene Zeit vollständig auf die Entwicklung neuer Zigarettenpausen-Ankündigungs-Slogans verwenden.

SMOKE MATH

WIE VIELE ZIGARETTEN PRO TAG MÜSSEN SIE RAUCHEN, UM DIE ARBEITSZEIT AUF 0 % ABZUSENKEN?

Dauer einer Zigarette	6 Minuten	
Der Weg vom Schreibtisch zur Dachterrasse und zurück	2 × 3 Minuten	6 Minuten
Gesamtzeit Zigarettenpause	6 Minuten + 6 Minuten	12 Minuten
8 Stunden Arbeitstag in Minuten	8 × 60 Minuten	480 Minuten
Wie viele Zigarettenpausen passen in einen Arbeitstag?	480 Minuten Arbeitstag: 12 Minuten Zigarettenpause	40 Zigaretten

Wenn Sie zwei Schachteln à 20 Zigaretten pro Tag rauchen, reduziert sich Ihre Arbeitszeit auf 0 %.

Gesundheitsapostel ohne Sinn für Philosophie könnten nun einwenden, dass zwei Schachteln pro Tag Ihre Lebenserwartung messbar nach unten korrigieren. Schließlich soll das Rauchen einer Zigarette (laut einer äußerst zweifelhaften Studie) Ihr Leben um sieben Minuten verkürzen.

Kettenraucher Schmidt rauchte in seinem Leben ca. 1 Million Zigaretten. Damit verkürzte er sein Leben um 13 Jahre und 4 Monate. Er wurde nur 96 Jahre alt.

Doch auch diese Rechnung geht mithilfe der 0%-Methode zu Ihren Gunsten aus:

7 Minuten Lebenszeitverkürzung pro Zigarette summieren sich bei 2 Schachteln à 20 Zigaretten auf: 40 (Zigaretten) x 7 (Minuten) = 280 Minuten.

2 Schachteln Zigaretten verkürzen Ihr Leben also um 4 Stunden und 40 Minuten.

Ein Arbeitstag verkürzt das Leben dagegen um *ganze 8 Stunden*!

Da Sie den gesamten Tag arbeitsfrei gestaltet haben, haben Sie somit 8 Stunden Lebenszeit dazugewonnen. Wenn man hiervon die verlorene Zeit durch das Rauchen der 40 Zigaretten abzieht, haben Sie immer noch **3 Stunden und 20 Minuten an Lebenszeit gewonnen!**

DIE BESCHLEUNIGTE SCHLEICHENDE KÜNDIGUNG: YIN-YIN

Nach unserem Warm-up wollen wir nun die zweite Yin-Stufe zünden. Ihr Verhalten hat bereits zu einigem Unmut geführt, beim Personalgespräch in der Agentursauna wurden Sie vom Head of Human Resources abgemahnt. Nun wäre es ein Leichtes, mittels eines eindeutigen Sabotageakts die Kündigung unabdingbar zu machen. Deutlich eleganter ist es jedoch, in die Rolle des *Desasterkobolds* zu schlüpfen und eine Yin-Yin-*Desasterdopplung* zu evozieren, die ausschließlich auf unser Umfeld einwirkt und sich im Idealfall zu einer Yin-Yin-Yin-Katastrophe der Kategorie KCFU (*kolossaler Cluster Fuck-up*, siehe *Einleitung*, Seite 34) ausweiten lässt.

Der Desasterkobold sorgt so subtil für Chaos, dass die meisten ihn für eine Legende halten. Er ist gemein und so klein, dass er nur nach unten treten kann.

Der Desasterkobold

Wenn ein Element seine Leistung aus dem System des Teams herausnimmt, wird sich – im Normalfall – die zu verrichtende Arbeit auf den Buckeln der Kolleg:innen verteilen.

Sie sind jedoch dafür bekannt, sich vor jeder Präsentation zunächst tagelang ins Prokrastinat zurückzuziehen, um dann, aufgepeitscht von der dräuenden Deadline, Wunder zu vollbringen. Somit geht Ihr Umfeld davon aus, dass Ihr Motor inzwischen angesprungen ist, schließlich ist morgen um 10:00 der wichtige Hauptkunde aus Japan im Haus. Und es ist bald 18:00 Uhr.

Der einfache Weg wäre es nun, grotesk schlechte Entwürfe zu präsentieren und mit unflätigen Bemerkungen zu reagieren, wenn diese vom Kunden bemängelt werden.

Doch der Desasterkobold geht anders vor.

Zunächst wählt er das *victima yin* – die Person, um welche das Yin rotieren wird. Das Zentrum das Schlamassels. Da der Desasterkobold nur nach unten treten kann, ist Mitleid obsolet – für die Opferrolle werden ausschließlich charakterschwache, niederträchtige Falschspieler ausgewählt. Glücklicherweise gibt es in jeder Agentur genug überengagierte Junghunde, die für diese Rolle infrage kommen – wie beispielsweise Jan-Dirck Oeverbeck, der Arztsohn aus dem Speckgürtel.

Jan-Dirck (der verzweifelt versucht, den Spitznamen J. D. (»jaydee«) für sich zu etablieren) hat ein Tattoo auf dem Unterarm und fährt einen BMW, den er sich zu seinem fünfundzwanzigsten Geburtstag geschenkt hat.

Kurz vor Feierabend kehrt er an diesem Tag vom Kokainschnupfen auf der Toilette zurück. Er hat sich dort die halblangen Haare zurückgegelt und ist in einen Smoking gestiegen, da er am Abend mit seiner Freundin Marcia zu einem Charity-Dinner geht. Ihr Agenturchef ist ebenfalls geladen – wie aufregend für Jan-Dirck!

In der Vergangenheit hat Jan-Dirck bereits mehrfach versucht zu intrigieren: hat Ihnen wichtige Informationen vorenthalten, sich beim Montagsmeeting auf Ihren Platz gesetzt, einen Witz erzählt, den Sie nicht verstanden. Doch da Sie nicht mehr lange hier sein werden, haben Sie den Angriffen des jungen Lindneraners nichts entgegengesetzt.

Bis jetzt.

Jan-Dirck ist das perfekte *victima yin*: Yin-Dirck.

Seine Freundin Marcia kommt, um ihn abzuholen, eine Bademoden-Influencerin. Sie trägt ein Schwimmkleid und ist an den freiliegenden Körperteilen mit goldener Glitterpaste eingeschmiert. Mit überzeugend gespielter Verzweiflung wenden Sie sich nun an Jan-Dirck: »J. D. ... du musst mir den Arsch retten. Alles, was ich mache, ist Müll. Einfallslos und angestaubt. Und morgen früh ist die Präsentation!«

Jan-Dirck schließt die Augen. Mit der Kühlschrankrationalität des Jungliberalen wiegt er ab: mit dem Chef zum Charity-Dinner – oder die Kampagne des Premiumkunden über Nacht retten – und den Etat an sich reißen?

Das ist die dornige Chance, auf die Jan-Dirck so lange gewartet hat!

Für die es sich lohnt, die *extra mile* zu gehen.

Er öffnet seine schlumpfblauen Augen, zieht sein Jackett aus und lässt die Knöchel knacken. »Du kannst ohne mich fahren, Schatz. Ich muss den Laden retten.«

Marcia verlässt wutentbrannt die Agentur.

Der Verdi-Wecker in Ihrer Schublade klingelt.

»Oh! Ich muss auch los. Briefing liegt auf dem Server. Rock 'n' Roll!«, sagen Sie noch, machen die Pommesgabel und verschwinden.

DIE IRRSINNIG ROTIERENDE SCHLEICHENDE KÜNDIGUNG: YIN-YIN-YIN

Am nächsten Morgen wird das Rad des Yin in die *irrsinnig rotierende schleichende Kündigung* (irsK) versetzt.

Nach durchgeschnupfter Nacht sitzt Jan-Dirck mit tiefen Augenringen und strubbeligem Arztsohnhaar vor seinem Rechner und präsentiert Ihnen seine Entwürfe. Selbstverständlich haben Sie ihm gestern ein PDF mit den falschen Farbwerten auf den Server gelegt und an entscheidenden Stellen des Briefings »auf keinen Fall« und »unter keinen Umständen« eingefügt. Heute Morgen haben Sie es wieder gegen die korrekte Version ausgetauscht.

In fünfzehn Minuten beginnt die Präsentation.

»Wow. Mutig! Also, ich find's GEIL! Bin gespannt, ob der Kunde da mitgeht. Und vor allem, was der Chef sagt. Aber ist schon richtig fresh. Saubere Arbeit!«

Ein Schulterklopfen, ein Fistbump, Sie eilen zum Konfi. Der Raum ist voll besetzt, der Beamer zeigt das Logo der Agentur – zwei kopulierende Einhörner.

Ihr Chef erhebt sich und stellt Sie vor. Er sieht vollkommen zerstört von der letzten Nacht aus und hat Spuren von Goldglitter an der Wange, am Hemdkragen und im Schritt.

Sie greifen zur *bluetooth remote control*, nehmen Jan-Dirck zärtlich in den Blick und erheben das Wort: »Mein überaus talentierter Kollege J. D. wird heute präsentieren – schließlich hat er diese wundervollen Entwürfe gezaubert.«

Die Übersetzungs-App übersetzt, die Japaner nicken.

Sie überreichen Jan-Dirck die *remote control*.

YIN-YIN-YIN DE LUXE

Der Desasterkobold hat ganze Arbeit geleistet:

- 👍 Jan-Dirck wird in die Abteilung versetzt, die den osteuropäischen Autobatteriehersteller betreut.
- 👍 Marcia ist schwanger (vom Chef, falls Sie nicht aufgepasst haben).
- 👍 Die Frau vom Chef lässt sich scheiden und kriegt das Haus in Saint-Tropez und Eugen, den Mops.
- 👍 Die Agentur verliert ihren Hauptkunden und muss 60 % der Belegschaft entlassen. Wer freiwillig geht, bekommt eine hübsche Abfindung.
- 👍 Sie gehen freiwillig.

ASTRID IST GERADE NICHT SO GUT

Das Witzige ist: Die Leute denken immer, dass ich eine Spitzenkarriere hingelegt habe und eine unverzichtbare Fachfrau für die gesellschaftliche Rolle von Kartenspielen in der frühen Neuzeit und während der Aufklärung bin. Ich habe sechs Jahre lang dazu promoviert und auch 320 Seiten zu diesem Thema geschrieben, die Arbeit dann aber nie abgegeben. Zwischendurch ist leider auch mein Doktorvater, der immer große Stücke auf mich hielt, verstorben. Wenn ich wieder mehr Zeit habe, werde ich die Arbeit fertigstellen, so viel steht fest. Nach der abgebrochenen Doktorarbeit war ich vier Jahre in der Univerwaltung tätig. Ich hatte mehrere auf sechs Monate befristete Verträge und bekam alle zwei Semester einen sehr schlecht bezahlten Lehrauftrag angeboten. Dann unterrichtete ich zu meinem Promotionsthema (Übung: Das Kartenspiel in der frühen Neuzeit zwischen gesellschaftlichem Diskurs und Praxis) einen Seniorenstudenten namens Herrn Rudolf. Herr Rudolf hatte den Kurs schon viermal belegt, und irgendwann beschlich mich das Gefühl, dass er mehr an mir als am Kartenspiel der frühen Neuzeit interessiert war.

ASTRID GIBT AUCH IM BERUF 0 %

Aber ich will mich darüber nicht beklagen, ich hatte mich im Laufe der Jahre beruflich unbewusst schon der 0 % genähert. Denn die meiste Zeit erledigte ich eben Verwaltungsarbeit im öffentlichen Dienst, und es gibt wenige Dinge, die so selbstverständlich sind wie das Bummeln in diesem Berufsfeld. Alles an diesem Job war öde: Ich bekam von den Kollegen per Mail ausgefüllte Formulare, die ich ausdrucken, dem Chef zur Unterschrift vorlegen und dann an die zentrale Verwaltung faxen musste. Anschließend musste ich eine Kopie anfertigen und beide Exemplare in verschiedenen Ordnern abheften. Ich musste aber natürlich auch das PDF im korrekten Ordner auf dem Server ablegen. Warum die Formulare nicht gleich an die zentrale Verwaltung gehen und warum die zentrale Verwaltung nicht an das Internet angeschlossen ist, bleibt eines der vielen Rätsel, die man besser unhinterfragt hinnimmt. (Als ich doch einmal nachgefragt habe, haben die mich angeguckt, als wäre *ich* die Irre.)

Ich erhielt dann nach ein oder zwei Wochen ein Fax von der Zentrale, auf dem stand, dass ich die Reisekostenabrechnung abholen dürfe. Dann musste ich in ein Gebäude an das andere Ende der Stadt laufen, um ein Formular, das ich sowieso schon mehrfach besaß, abgespeichert und aufbewahrt hatte, abzuholen. Die Zentralverwaltung ändert an dem Formular nichts, dort muss auch niemand unterschreiben oder stempeln. Die Zentralverwaltung weigert sich auch, das Formular mit der Post zu schicken oder mehrere Formulare zu sammeln, nein, ich musste jedes noch am selben Werktag der Benachrichtigung abholen. Auf diese Weise musste ich etwa mit vier Formularen wöchentlich verfahren. Ich fand das gar nicht so schlecht: Auf dem Rückweg gab es auf jeden Fall immer noch einen Abstecher in die Eisdiele – und aus der

Ferne betrachtet, galt ich als wertvolles Mitglied der Gesellschaft. Und wenn ich noch etwas genauer darüber nachdenke, verfestigt sich mehr und mehr der Eindruck, dass ich GENIAL war, denn ich hatte alle Vorzüge des modernen Lebens, das heißt Geld und Anerkennung, ohne einen Finger zu rühren.

ASTRIDS TIPPS ZUR VORTÄUSCHUNG VON UNERSETZBARKEIT

Das umgehängte Sakko

Hängen Sie, bevor Sie in die Mittagspause gehen, Ihr Sakko über Ihren Bürostuhl und lassen Sie das Licht brennen, als wären Sie nur kurz auf die Toilette gegangen. Alternativ können Sie mit Ihrem Handy ein paar Telefonate aufzeichnen und Ihre eigene Stimme (»Hallo? Ja verstehe. Lassen Sie mich kurz nachsehen. Moment«) im Loop abspielen und von außen ein »Bitte nicht stören«-Schild an die Bürotür hängen. Nun gehen Sie zu einem ausgiebigen Brunch in Uninähe, genehmigen sich etwas Daydrinking und Shopping, bevor Sie nach einigen Stunden Auszeit wieder gut gelaunt in das Büro zurückkehren.

Die Mausefalle gegen Kontrollrolf-Chefs

Manche Jobs des postindustriellen Zeitalters sind so sinnlos, dass man auch gleich auf sie verzichten könnte. Leider sehen nicht alle Arbeitgeber ein, dass sie auch ihren nutzlos beschäftigten Angestellten ein großzügiges Gehalt überweisen sollten. Mein Arbeitgeber zum Beispiel greift auf einen ärgerlichen Kontrollmechanismus zurück: Ich muss alle zehn Minuten meinen Cursor bewegen, damit ich nicht vom System ausgeloggt werde. Zur Bekämpfung solcher autokratischen Systeme gibt es zwei Methoden:

Für Tüftler: Der Bau einer mechanischen Konstruktion, die dank Zeituhr alle zehn Minuten die Computermaus bewegt.

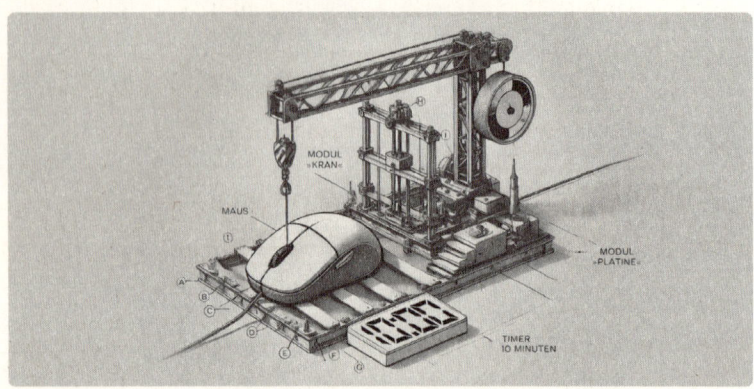

Für Tierfreunde: Eine kleine Farbmaus oder Wüstenrennmaus, die morgens mit einem Energydrink motiviert wird, sich viel zu bewegen, und deren Schwanz man mit einem Bindfaden am Kabel der Computermaus befestigt.

Der goldene Griff

Windows-Logo-Taste + STRG + UMSCHALT + B.

Mit dieser magischen Tastenkombi lässt sich der Grafiktreiber Ihres Computers schnell zurücksetzen, sobald sich Ihr Chef nähert. Das YouTube-Video Ihres 20-jährigen Neffens Achim, in dem er erklärt, wie man dank eines von ihm erdachten Schneeballprinzips in wenigen Wochen Millionär wird, wechselt umgehend zu einem schwarzen Bildschirm. Erklären Sie, dass das immer geschieht, wenn man das System mit zu viel Arbeit überlastet.

BEA SABOTIERT DIE 0 %

Ruiniert wurde mein entspanntes Arbeitsleben erst, als von außen Erwartungen an mich herangetragen wurden, die ich nie hatte erfüllen wollen. Bea hatte mich eines Tages im Büro besucht und mich über meinen Job ausgequetscht. *Na, eine sinnvolle Aufgabe sieht aber anders aus, Schwesterchen,* war ihr Fazit, nachdem ich ihr demonstriert hatte, wie man die Maus manipulieren muss, um während eines Nachmittagsschläfchens nicht aus dem System ausgeloggt zu werden. Ich hatte mir vorher nie Gedanken gemacht, ob meine Arbeit nun Sinn stiftete oder nicht – sie stiftete das Geld für die Miete, das war mir eigentlich genug.

Ich geriet auf dem Nachhauseweg ins Zweifeln: Vielleicht hatte Bea ja sogar recht: Ich war mir, ehrlich gesagt, nicht mehr sicher, ob ich der Gesellschaft als Altenpflegerin oder Sterbebegleiterin nicht von etwas mehr Nutzen wäre. Wobei es sich an manchen Tagen schon anfühlte, als *wäre* ich Sterbebegleiterin – nämlich meine eigene. Aber bisher hatte mich das nicht sonderlich gestört: Nervig war allein, dass ich mich vor meinem Ex-Freund Bene im Aufzug verstecken musste. Aber ich verdiente genug, um mich und meine Katze durchzufüttern, hatte ein eigenes Büro (4 qm) und meine Hauptaufgabe bestand darin, so zu tun, als würde ich irgendeine nützliche Aufgabe erfüllen.

SINN STATT YIN

Bea hatte leider etwas in mir ausgelöst: Plötzlich kamen mir das Einscannen und das Faxen von Dokumenten sinnlos vor. War meine ganze Existenz vergeudet? Wie sollte ich so den Sinn im Leben finden?

Zum Glück hatte ich Robbi, er erinnerte mich daran, dass ich auch mal in Superbeas legendären Ratgeberstapel gucken könnte. Gute Idee! Dort las ich, dass ein Gefühl der Leere immer dann in uns auftaucht, wenn wir nicht »bei uns sind«, und dass wir deshalb auf »Klänge lauschen« sollten. Ich konnte zwar nur erahnen, was diese seltsame Floskel meinen könnte, aber ich war trotzdem Feuer und Flamme: Ich nahm mir also vor, das mit den Klängen auszuprobieren. Wäre doch gelacht, wenn ich in meinem Vier-Quadratmeter-Büro den Sinn des Lebens nicht doch ausfindig machen würde. Um danach wieder zufrieden zu scannen und zu faxen. Ich schlug den Ratgeber auf und las.

AUF KLÄNGE LAUSCHEN

DAS SAGT DER GURU

Im Büro sind Angestellte selten ganz bei sich, sie sind gestresst und haben nie Zeit für das, was ihnen eigentlich guttun. Das Gesicht von Büroangestellten nimmt im Verlauf des Tages die stresstypischen Farbtöne und Texturen an: grau, zerknittert, gelb, verkniffen.

Dabei ist ein Tag im Büro ideal dafür, innezuhalten und auch die anderen Sinne zu trainieren. Lauschen Sie! Ihre Ohren sind intergalaktische Riesenempfänger, mit denen Sie jedem Geräusch auf die Spur kommen können. So beruhigen wir unseren Geist, denn wir hören zu, ohne zu bewerten. Wir werden Teil der riesigen Klangkulisse. Die Welt ist Geräusch.

Das sagt Astrid

Ich tat alles, was der Guru verlangte, Hauptsache, ich konnte mein früheres Leben zurückhaben.

ENTDECKUNGEN

Ich stellte also mein Telefon auf lautlos, schloss die Tür und die Augen – und lauschte mich achtsam in eine neue Dimension:

Im Schneidersitz saß ich auf meinem halbkaputten Bürostuhl und versuchte, nicht herunterzufallen. Zunächst bemühte ich mich, nur auf das sanfte Rauschen meines Atmens zu achten.

Aber oh je, ich hörte auch noch den psychedelischen Kopierersound aus dem Nachbarzimmer! Und nach ein paar Minuten, in denen meine intergalaktischen Riesenempfänger sich mal ein bisschen Mühe gaben, konnte ich noch so viel mehr aus meiner Umgebung wahrnehmen: Wer schmatzte denn da so? Bediente Bettina sich schon wieder an der Knoppers-Schublade? Was für ein schöner, interessanter, lustvoller Geräuschmacher das menschliche Kauwerkzeug doch ist! Bellte dahinten nicht ein Hund? Wie schön, dass er am Leben war! Nachdem die Lauscher sich langsam so richtig der wunderbaren Umgebung hingegeben hatten, hörte ich endlich auch die Ludwigstraße: *zsch! zsch! brumm!* Und dann fiel mir noch ein Geräusch auf: Es klang gar nicht nach Büro oder Stadtverkehr, es war eher so eine Art Klatschen, und plötzlich konnte ich gar nichts anderes mehr hören, und ich konzentrierte mich ganz darauf.

Kam das Klatschen aus dem Nebenzimmer?

VON ACHTSAM - ZU ARBEITSLOSIGKEIT

Auf dem gesteigerten Achtsamkeitslevel, das ich mittlerweile erreicht hatte, fokussierte ich mich so sehr auf das andauernde, nun lauter werdende Klatschen, dass mein Körper sich wie von selbst erhob, um dem Geräusch zu folgen. Mit geschlossenen Augen wanderte ich über den Flur, öffnete in einer fließenden Bewegung (Klopfen hätte den Achtsamkeitsflow empfindlich gestört) die Tür des Nachbarbüros, öffnete die Augen und überraschte den Geschäftsführer der Historischen Abteilung mit seiner jungen studentischen Hilfskraft. Einen Tag später hatte ich die fristlose Kündigung auf dem Tisch.

Ich war nicht wenig erstaunt darüber, wie eine einfache Achtsamkeitsübung eine so heftig negative Situation hervorrufen konnte. Doch das war noch nicht das Ende der Geschichte: Schon wenige Wochen später kam die ganze Sache heraus, der Geschäftsführer wurde umgehend entlassen, die Studentin erhielt seinen Job und lud mich sofort zu einem Wiedereinstellungsgespräch ein. Ich hatte größere Schwierigkeiten, ihr meine Unersetzbarkeit überzeugend darzulegen. Ich zwinkerte ihr zu und sagte: »Hey, wir sind doch im öffentlichen Dienst«, und dann schlug sie vor, dass ich mein Büro räumen sollte. Das Erste, was ich dort machte: Beas Ratgeberstapel ins Altpapier werfen. Ich suchte mir ein paar Monate später eine Teilzeitstelle im Café.

Und dort beschloss ich, mit Robbi diesen Ratgeber zu schreiben, denn eines hatte ich gelernt: Meine Ausgangssituation war perfekt, doch der von den Ratgebern und Superbea diktierte Optimierungzwang führte zu nichts als Stress und Ärger. Heute weiß ich: Ein Leben nahe an Normalnull ist genau das, was wir brauchen.

~ mantra ~

YIN-YIN-YIN

ARBEIT MACHT KEINEN SINN

ACHTSAMKEIT IST SCHLIMM

Kapitel 4

Liebe: Yinspiration für die Alphabalz

Beziehungen sind langweilig und erdrückend, aber allein wird man zur Trockenpflaume. Suchen Sie sich Ihren persönlichen Leidensweg aus.

ASTRID MACHT'S VOR

Das Frühjahr kommt doch immer ziemlich plötzlich: Gerade saß ich noch um 16:00 Uhr in der Dämmerung auf meiner IKEA-Couch und überlegte, wie lange ich ohne Bene die Miete zahlen könnte – und schon stellt die nette Wetterfee von RTL2 die Uhren vor! Alles blüht, alles wuselt herum, und plötzlich wird den Menschen wieder bewusst, dass sie – leider! – biologische Wesen sind.

Ich möchte Ihnen jetzt wirklich nicht mit einer grauenvollen Steinzeitanalogie kommen, und für meinen Kollegen Robbi möchte ich lieber nicht sprechen, aber: Ich zumindest bin ein bisschen mehr als ein Uga-Uga-Weibchen, das sich von dem erstbesten Mitbürger männlichen Geschlechts in eine Höhle zerren lässt, schließlich habe ich wirklich interessante Neurosen und eine Gesamtausgabe von Schiller im Schrank (leider noch nicht dazu gekommen).

WILLKOMMEN ZUM 0%-DATING!

Trotzdem: Ganz kalt lässt das Frühjahr niemanden, und selbst in den schlimmsten Zynikern keimt ein wenig Sehnsucht auf: nach Liebe! Nach Zärtlichkeit! Ich dachte zwar, dass ich nach der Trennung von Bene völlig immun gegen umherflatternde Schmetterlinge und prächtige Blütenknospen wäre, aber je mehr Frühlingstreiben ich um mich herum sah, desto größer wurde mein (peinliches, irrationales, unkontrollierbares) Verlangen. Es war Ende Mai, die Pärchen im Biergarten schoben sich gegenseitig Brezenstücke und ihre Zungen in die Münder; die Teenager sprangen hysterisch kreischend vom Badesteg in den See; die Tage wurden immer länger und heller; ich war völlig hilflos gegenüber meinem schwankenden Hormonhaushalt, der mich zu vollkommen unrealistischen Träumereien verführte. Und alles wurde natürlich schrecklich: Die Männer auf der Straße, denen ich nett zulächelte, schüttelten entsetzt den Kopf, auf Tinder schrieben mich 20-Jährige an – und Bene wollte weiterhin seine Heißluftfritteuse zurück.

ASTRID SWIPET NACH LINKS

Sie wissen ja, ich war einige Jahre in einer durchaus soliden Beziehung mit meinem Kollegen Benedikt. Ich kenne also beide Seiten. Ich kenne die entsetzliche Langeweile, die man spürt, wenn man nach Jahren an einem Samstagmorgen wieder neben der gleichen öden Person aufwacht, von der man keine Abenteuer und keine Aufregung zu erwarten hat. Ich kenne aber auch die andere Seite der Medaille gut: das Daten. Ich habe quasi ganze Jahre vor dem Handy verbracht, um auf eine Antwort zu warten, manisch alle zwei bis drei Minuten alle Dating-Apps nacheinander geöffnet, obwohl ich mir selbst geschworen hatte, nur zu jeder vollen Stunde nachzusehen – bis ich ernsthaft überlegte, Amal Clooney damit zu beauftragen, die Entwickler von Dating-Apps vor ein Kriegsrechttribunal zu zerren. Ein anderes beliebtes und fatales, weil unumkehrbares Missgeschick (wenn man sich wie ich weigert, Geld für die Premiumvariante einer App auszugeben) war: alle drei oder vier Tage entgegen aller Wahrscheinlichkeit den absoluten Traumprinzen zu entdecken und dann im Eifer des Gefechts in die falsche Richtung zu wischen. Der Prinz verschwand für immer vom Display, dabei war ich diesmal ganz sicher: Der wäre es gewesen. Für immer.

Nach ein paar Wochen wusste ich: Dating-Apps machen keinen Spaß, ziehen nur Creeps an, machen Sehnenscheidenentzündung und eine schlechte Haltung. Zudem ergab sich für mich ein interessanter Nebeneffekt: Ich hatte Gelegenheit, eine komplexe Störung meines Selbstwertgefühls zu entwickeln. An wem als an mir selbst hätte es sonst liegen sollen, dass mich der fesche 23-jährige Schauspieler nach drei Nachrichten geghostet hat?

Laut einer Studie der Universität Bielefeld melden sich 98,5 % aller Datingpartner nicht zurück, nachdem sie Sie das erste Mal in echt gesehen haben.

Sprechen Sie uns nach: Er oder sie wird sich nie melden.

ROBBI WOLLTE NIE WIE SEINE ELTERN WERDEN – ODER DOCH?

Ich habe die Ehe meiner Eltern eigentlich nie hinterfragt. Die beiden, Erika und Wolfgang, sind seit 48 Jahren verheiratet. Wahrscheinlich nicht gerade glücklich, aber müssen wir alle glücklich sein? Meine Eltern haben ein großes Haus, sodass sie sich fast nie sehen müssen, mein Vater züchtet Rosen im Garten und meine Mutter liest Bücher mit vorhersehbaren Plots. Ich vermute, sie haben 1986 das letzte interessante Gespräch geführt. Je mehr ich darüber nachdenke, desto glücklicher bin ich mit meiner Entscheidung, nie eine Ehe eingegangen zu sein. Na ja, so richtig ergab sich das auch nicht, das mit Heidemarie war ein Unfall, und Ingeborg ist einmal, ganz am Anfang, als ich sie fragte, ob sie sich mehr mit mir vorstellen könnte, in heiteres Gelächter ausgebrochen.

ROBBI DÄUTEL UND DIE LIEBE NACH DER 0%-METHODE

Trotzdem möchte ich Ihnen meine Erfahrungen in Sachen Partnerschaft, Familienplanung und Sexualität nicht vorenthalten. Während Astrid nur über das Dating spricht, bin ich der Experte auf dem Gebiet der ernsthaften amourösen Erfahrung. Sie müssen wissen, dass ich anders funktioniere als Astrid. Ich bevorzuge den von der Evolution vorgeschlagenen Weg: Zur Brunftzeit begebe ich mich dorthin, wo sich geschlechtsreife Artgenossinnen mit Paarungsambitionen versammeln.

WIR SIND TIERE

Das menschliche Fortpflanzungsverhalten ist ein faszinierendes Drama. Die Weibchen mit ihrer begrenzten Anzahl an Eizellen können es sich einfach nicht leisten, Zeit mit einem minderwertigen Männchen zu verschwenden. Die Damen beurteilen ihre potenziellen Geschlechtspartner daher nach seinem Balzverhalten und zur Schau gestellten Gesundheitszustand, sogar wenn sie gar nicht vorhaben, sich zu vermehren – die Biologie hat uns alle fest im Griff. Und hier kommen meine außergewöhnlichen Skills ins Spiel: Ich bin ein wirklich talentierter Tänzer – und ein noch besserer Sänger. (Dass meine Boygroup ACT OF KINDNESS damals nicht gechartet ist und mich zum Teenie-Weltstar gemacht hat, ist eines der größten ungelösten Rätsel der jüngeren Kulturgeschichte.)

ALPHABALZ

Um meine – ausschließlich auf diesem Gebiet vorhandenen – Alphamännchenqualitäten voll ausspielen zu können, begebe ich mich zur Balz bevorzugterweise in Karaokebars. Wenn ich beim Refrain von *Take on me* ins Falsett wechsele, schmilzt die Damenwelt in der Regel dahin. Und je nach Promillegehalt ist die eine oder andere Frau durchaus bereit, über mein Bäuchlein hinwegzusehen und unter meinen nur ganz leicht aufgedunsenen Gesichtszügen die Timothée-Chalamet-Haftigkeit zu erkennen. Spätestens wenn ich den Moonwalk hervorzaubere (den ich zwei Schritte lang fast perfekt beherrsche), habe ich in der Regel gute Karten bei der Damenwelt – vorausgesetzt, der Alkohol hat sowohl meine als auch die Ansprüche der potenziellen Partnerin massiv herabgesenkt und beiderseitig alle Kontrollmechanismen ausgeschaltet.

LIEBE IM FILMRISS

So kommt es also durchaus vor, dass ich (ohne jegliche Erinnerung an die süßen Liebesstunden nach dem Moonwalk) neben einer fremden Frau erwache. Das Problem bei der Liebe im Filmriss: Nur selten wird in derselben Liga gespielt. Auf der einen Seite des Betts wacht am Morgen also jemand auf und denkt: *Ach du Scheiße! Ein Niedrigstatusexemplar!*

Während auf der anderen Seite gedacht wird: *Wow, Jackpot! Ich habe nach oben gesext!*

Ich bin bereits auf beiden Seiten dieses Bettes erwacht. Was mich zu einem ausgezeichneten Tippgeber macht, welches Verhalten in diesen Situationen ratsam ist:

ENTSCHEIDUNGSHILFE BEI FILMRISSEN

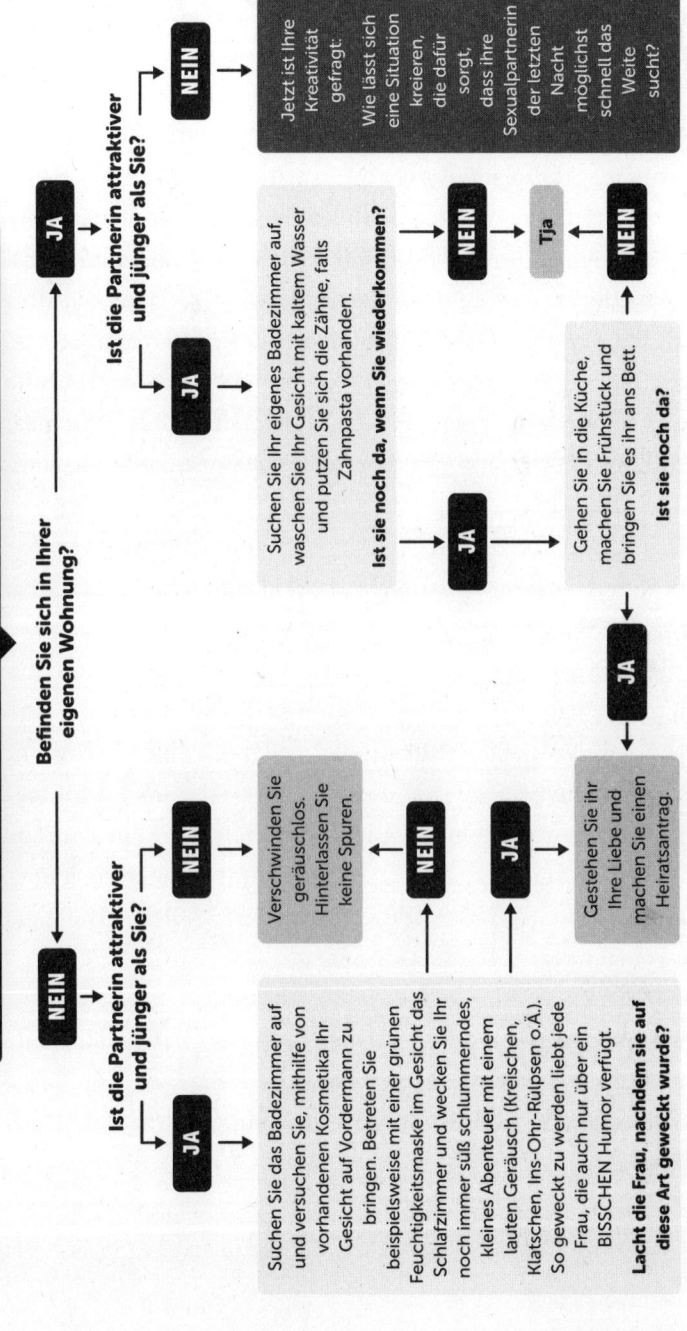

Befinden Sie sich in Ihrer eigenen Wohnung?

NEIN → **Ist die Partnerin attraktiver und jünger als Sie?**

JA → **Ist die Partnerin attraktiver und jünger als Sie?**

NEIN-Zweig

JA → Suchen Sie das Badezimmer auf und versuchen Sie, mithilfe von vorhandenen Kosmetika Ihr Gesicht auf Vordermann zu bringen. Betreten Sie beispielsweise mit einer grünen Feuchtigkeitsmaske im Gesicht das Schlafzimmer und wecken Sie Ihr noch immer süß schlummerndes, kleines Abenteuer mit einem lauten Geräusch (Kreischen, Klatschen, Ins-Ohr-Rülpsen o.Ä.). So geweckt zu werden liebt jede Frau, die auch nur über ein BISSCHEN Humor verfügt. **Lacht die Frau, nachdem sie auf diese Art geweckt wurde?**

NEIN → Verschwinden Sie geräuschlos. Hinterlassen Sie keine Spuren.

JA → Gestehen Sie ihr Ihre Liebe und machen Sie einen Heiratsantrag.

JA-Zweig (eigene Wohnung)

JA → Suchen Sie Ihr eigenes Badezimmer auf, waschen Sie Ihr Gesicht mit kaltem Wasser und putzen Sie sich die Zähne, falls Zahnpasta vorhanden. **Ist sie noch da, wenn Sie wiederkommen?**

NEIN → Tja

JA → Gehen Sie in die Küche, machen Sie Frühstück und bringen Sie es ihr ans Bett. **Ist sie noch da?**

NEIN → Tja

JA → Gestehen Sie ihr Ihre Liebe und machen Sie einen Heiratsantrag.

NEIN → Jetzt ist Ihre Kreativität gefragt: Wie lässt sich eine Situation kreieren, die dafür sorgt, dass ihre Sexualpartnerin der letzten Nacht möglichst schnell das Weite sucht?

· 129 ·

VERMEHRUNG NACH DÄUTEL-ART

Mir ist es immerhin – im Gegensatz zu Astrid – gelungen, mich trotz meines relativ durchschnittlichen Genmaterials gleich zweimal fortzupflanzen. Aus Gründen der Indiskretion wollen wir beide Frauen bei ihrem vollen bürgerlichen Namen nennen: Die eine heißt Heidemarie Gäffgen. Sie ist um einiges jünger und attraktiver als ich, daher verließ sie fluchtartig ihre eigene Wohnung, als ich sie am Morgen nach der Karaokebar mit einer grünen Feuchtigkeitsmaske im Gesicht weckte, um ihr einen Heiratsantrag ins Ohr zu rülpsen. (Hätte ich vorher meine Unterhose anziehen sollen?)

Dass sie nach unserem One-Night-Stand schwanger wurde, könnte damit zusammenhängen, dass ich ihr am Abend zuvor von meiner Vasektomie erzählt hatte. Denn nach meinem letzten One-Night-Stand, mit Ingeborg Bratsahl, aus dem ein Kind Namens Tobias Bratsahl hervorging, war meine Familienplanung eigentlich abgeschlossen. Deshalb hatte ich mich um einen Termin für eine Vasektomie bemüht und diesen auch bekommen. Dummerweise lag der Termin meiner geplanten Stilllegung zum Zeitpunkt der ungeschützten Vereinigung mit Heidemarie aber noch in der Zukunft, weshalb Tobias Bratsahl nun ein niedliches Halbgeschwisterchen namens Emma Gäffgen hat.

Ich habe also nicht nur auf den Gebieten Partnersuche und Familienplanung eine ausgewiesene Expertise, auch in Sachen Erziehung kann und werde ich Ihnen einiges erzählen. Doch dazu später.

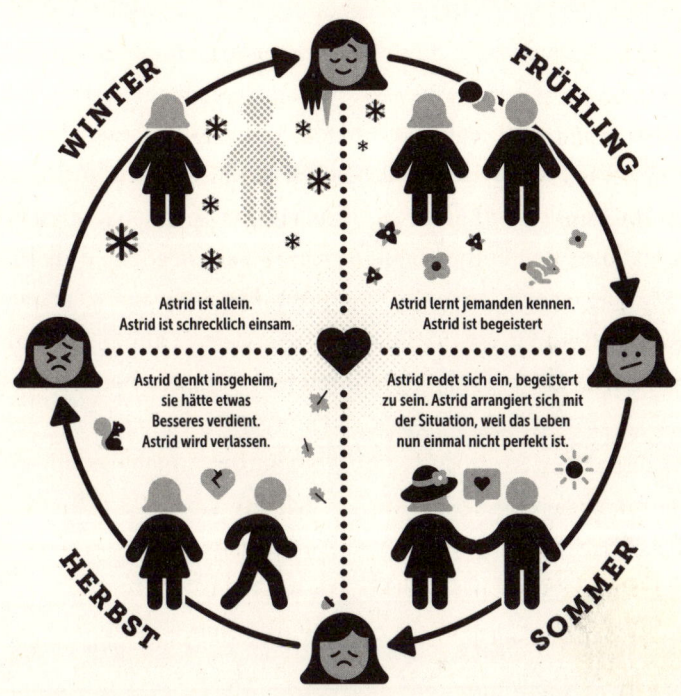

WINTER

FRÜHLING

Astrid ist allein.
Astrid ist schrecklich einsam.

Astrid lernt jemanden kennen.
Astrid ist begeistert

Astrid denkt insgeheim,
sie hätte etwas
Besseres verdient.
Astrid wird verlassen.

Astrid redet sich ein, begeistert
zu sein. Astrid arrangiert sich mit
der Situation, weil das Leben
nun einmal nicht perfekt ist.

HERBST

SOMMER

WOZU EIGENTLICH, ASTRID? DIE LIEBE IN DER WISSENSCHAFT

Die Suche nach Liebe ist uns inhärent. Oder? Jedes Mal, wenn ich beschließe, von nun an endlich eine rundum zufriedene Cat-Lady zu werden, funkt mir jemand dazwischen. Hierzu ist mir eine interessante amerikanische Studie untergekommen, die besagt, dass Männer in der Ehe glücklicher und gesünder sind, schließlich haben sie nun eine Ersatzmama gefunden, die ihnen unermüdlich Bier in den Kühlschrank stellt und sie zu ihren Vorsorgeterminen (erst Zahnarzt, später auch Urologe und Proktologe) schickt. Frauen aber sind, und auch das ist wissenschaftlich belegt (glaube ich), am zufriedensten, wenn sie allein auf der Couch liegen, einen schönen Roman lesen und aus einer geblümten Tasse Milchkaffee trinken. Und niemand ist zufrieden, wenn er eine Dating-App bedienen muss. Erschwerend kommt hinzu, dass die Liebe in Zeiten des Kapitalismus nicht mehr so reizvoll erscheint wie früher: Jeder von uns hat permanent die Pflicht, besser, schneller und schöner zu werden – und selbstverständlich verlangen wir da von unseren Partner:innen dasselbe.

FRÜHER WAR ALLES BESSER

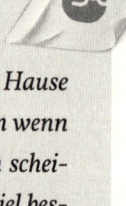

Früher hielten Ehen noch, weil der Mann das Geld nach Hause brachte und die Frau abends ein köstliches Mahl kochte, denn wenn sie kein köstliches Mahl gekocht hätte, hätte sich der Mann scheiden lassen, und sie wäre in die Altersarmut gestolpert. Wie viel besser heute alles ist! Und wenn Ihr Schatzi auf der Couch liegt, sich langsam die Haare ausgehen lässt, ungesundes Bauchfett ansetzt und ein bisschen zu viel Fußball guckt – weg mit dem! Das nächste ideale, begehrenswerte Zwillings-Ich wartet bestimmt schon auf Sie. Und dann geht es von vorn los. Wir tauschen Partner so lange um, bis wir endlich glücklich sind (also nie → siehe sisyphonische, erfolgsfreie Kräfteverbrennung, Kapitel Ordnung).

WIE ALSO LOSLASSEN?

Das erste Date ist ohne nennenswerte Katastrophen abgelaufen? Doch Sie warten mal wieder seit Tagen vergeblich darauf, dass der wildfremde potenzielle Vater Ihrer Kinder sich bei Ihnen meldet? Sie spielen die wahrscheinlichsten Möglichkeiten durch, woran es liegen könnte:

1. Ihr Date hat sich beim Straßenkampf beide Fäuste gebrochen und überlegt seit drei Wochen fieberhaft, wie er Ihnen trotz zweier Hände in Gips eine Nachricht zukommen lassen könnte.

2. Ihr Date ist unsterblich in Sie verliebt und deswegen bereits in die Planungen zu einem größeren Verlobungsfest eingespannt.

3. Ihr Date würde sich wirklich gern melden, aber leider scheint Ihr Handy nicht korrekt zu funktionieren. Haben Sie sich Malware eingefangen? Alle Nachrichten und Anrufe kommen an, nur Ihr Date wurde blockiert.

4. Ihr Date mag Sie, ist aber beruflich sehr stark eingespannt, Ihr Date organisiert nämlich bemannte Flüge in den Weltraum. Die vierzig Sekunden, die es brauchen würde, um Ihnen zu schreiben, kann Ihr Date auf keinen Fall entbehren. Haben Sie Verständnis.

5. Ihr Date ist leider verstorben.

6. Ihr Date findet Sie zu hässlich, zu dumm, zu dick, zu langweilig, zu nervig oder zu alt.

DON'T DO IT

Denken Sie bitte noch einmal nach: Wie groß ist die Wahrscheinlichkeit, dass der oder die Richtige ausgerechnet die Wisch-und-
Weg-App benutzt? Wenn Ihr Date so hinreißend wäre, wie es
Ihnen erscheint, wäre er oder sie wohl kaum online auf Partnersuche, oder? Sie selbst sind ja schließlich das beste Beispiel dafür,
dass sich auf Onlineplattformen vernünftige Leute nicht gerade
tummeln. Also wozu das ganze Theater? Zumindest die Frauen
sollten ihre Datingimpulse kritisch hinterfragen. Für Frauen sind
Beziehungen schädlich, und ich kann das beweisen: Bene hat mir
streng genommen überhaupt nichts genutzt. Er hat mir weder
schönen Schmuck geschenkt noch mich sexuell befriedigt. Er hat
mir weder ein Schloss gebaut noch ist er mit mir auf einem weißen
Schimmel in den Sonnenuntergang geritten. Das Romantischste,
was er je getan hat, war die Sache mit der Heißluftfritteuse, denn
Bene wusste, dass ich eine ausgeprägte Schwäche für Frittiertes
habe. Leider fordert er sie immer noch zurück. Bene ist geizig und
neigt zu körperlicher Schlaffheit. Außerdem hat er mir nach zwei
Jahren Beziehung gestanden, dass er gar nicht wisse, wo die Gelbe
Tonne sei, und den Sack immer in den Papiermüll geworfen habe.
Zwei Jahre lang!

Für mich sind Beziehungen deshalb nicht gerade erstrebenswert,
meistens scheinen die Beteiligten einer hartnäckigen SiNiVi aufge-
sessen zu sein. Als Nullprozentsingle sollte man deswegen permanent die Nachteile von Beziehungen betonen – so können vorwegzu-
nehmende Enttäuschungen auch langfristig vermieden werden. Im
Folgenden konzentrieren wir uns auf die Schattenseiten von Part-
nerschaften und begeben uns auf Pfade, die jegliche Sehnsucht nach
Zweisamkeit im Keim ersticken. In dunklen Momenten, wenn Sie
sich wieder richtig allein fühlen, gedemütigt und vom Leben allein

gelassen, müssen Sie nur unsere Übungen durchführen – um hinterher freudestrahlend und glücklich in ein neues Zeitalter aufzubrechen, ein Zeitalter, in dem Sie beziehungsautark sind.

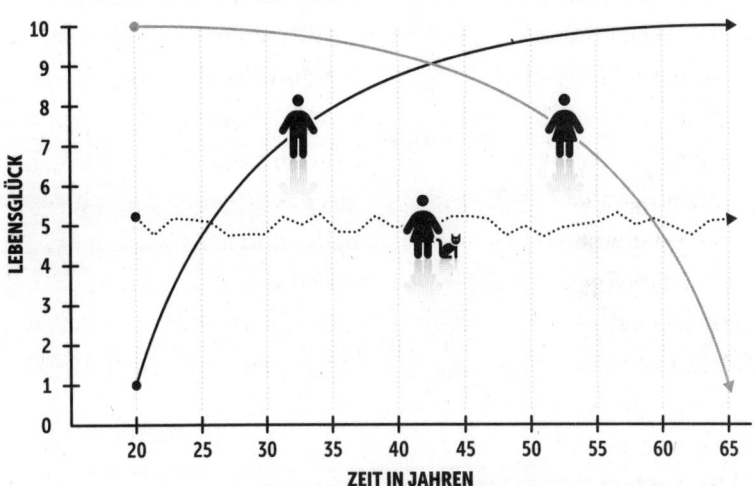

ÜBUNG: EXEN VERGLEICHEN UND SINIVI LOSLASSEN

Besonders bewährt hat sich folgende Übung, die zwar zunächst aufwendig erscheint. Wenn Sie diese aber sorgfältig ausführen, erspart Sie Ihnen jahrelange Streitereien um Zahnpastatuben, Staubsaugen und Kindererziehung.

Legen Sie eine Tabelle mit vier Spalten an. Schreiben Sie zunächst die Namen ALLER ihrer verflossenen Lieben in die erste Spalte. Die Technik des Desasteraddierens hilft uns nun, die drei schrecklichsten Partner zu ermitteln. (Ich habe das unten einmal für Sie mit meinen Verflossenen gemacht.)

Desaster der Kategorie 1

Stalken Sie alle Ihre Ex-Freunde und/oder Ex-Freundinnen auf Social Media, idealerweise machen Sie einen beruflichen Netzwerkaccount der besagten Personen ausfindig. Bewerten Sie in Spalte zwei die aktuelle Optik ihrer verflossenen Liebhaber:

★☆☆☆☆   ergrautes, zurückweichendes Haar

★★☆☆☆   leicht aus der Form gegangen

★★★☆☆   trägt nur noch beige Rentnerkleidung

★★★★☆   Vorderzähne verloren

★★★★★   entstellt durch Lotterleben oder schlechten Charakter

Desaster der Kategorie 2

In der dritten Spalte notieren Sie in Stichpunkten das Leid, das Sie durch die jeweiligen Partner erfahren haben, die öden Konversationen und Freizeitbeschäftigungen, die Eifersuchtsdramen und die Demütigungen. Um die Ex-Partner nach dem Grad der Gesamtschrecklichkeit sortieren zu können, verwenden Sie das fünfstufige Hotelbewertungsprinzip – Beziehungen sind schließlich wie Zimmer, die wir vorübergehend bewohnen.

Vergeben Sie folgende Sterne für Ihre Ex-Partner:

★☆☆☆☆ handelsübliche Vollmeise

★★☆☆☆ deutlich ausgeprägter Kontrollzwang

★★★☆☆ zwanghafter Hygienefimmel

★★★★☆ sich wiederholende Eifersuchtsdramen aufgrund imaginierter Affären

★★★★★ offensichtliche, medikamentös und stationär zu behandelnde Psychopathie

Desaster der Kategorie 3

In dieser Spalte dreht sich alles um die Liebhaberqualitäten. Hatten Sie schon mal überirdischen Sex? Eben. Konzentrieren wir uns daher auf die gängigen Sexualfehlschläge:

★☆☆☆☆ frühzeitige Samenergüsse

★★☆☆☆ säuerlich riechendes, ungewaschenes Geschlechtsteil

★★★☆☆ Penisbruch

★★★★☆ Partner:in furzt während des Oralverkehrs

★★★★★ Analfissur

Zählen Sie die Bewertungen aller drei Spalten zusammen, um die drei Kandidaten mit der höchsten Gesamtpunktzahl zu ermitteln. Die Gewinnerin oder den Gewinner behalten Sie natürlich für sich: In dunklen Momenten halten Sie sich alle Nachteile dieser Person vor Augen – und dann denken Sie wieder an Ihren Aufbruch in das neue, beziehungsautarke Zeitalter und gehen ins Tierheim, um sich eine weitere Katze zu holen, die Sie nach Ihrem Ex benennen. Alleinsein ist die Lösung! Bedenken Sie: Das von der RomCom-Industrie vorgegaukelte Ideal der romantischen Liebe ist ein illusorisches Konstrukt. Ziel unserer Übung hingegen ist es, sich nie wieder der Illusion hinzugeben, das Leben in einer Beziehung sei besser. Anders vielleicht, aber besser nicht. Unser Gehirn neigt dazu, sich auf positive Erinnerungen zu fokussieren – konzentrieren Sie sich besser auf die schlimmen Erinnerungen, auch wenn Sie etwas Zeit investieren müssen.

Astrids Auswahl ihrer schrecklichsten Ex-Partner, die sie immer wieder daran erinnern, wie schön es ist, neben einem Kater aufzuwachen.

Ex-Partner	Aktuelle Attraktivität	Erlebtes Leid und Schmerz	Liebhaberqualität
Der süße Darius aus der 3a	Leitet ein mittelständisches Unternehmen und ist bei der freiwilligen Feuerwehr	War in Vroni verliebt	Hat mich einmal mit einer eingespeichelten Papierkugel beworfen
Professor Merzbach aus dem Ästhetikseminar	Halbseitig gelähmt nach Sexunfall (nicht mit mir)	Hat gedroht, sich das Leben zu nehmen, weil ich ihn nach zwei Wochen verlassen wollte	Wollte, dass ich mir die Haare wie seine Mutter frisiere
Wurstl-Hannes (Aufriss vom Oktoberfest 2003)	Außerhalb jeglicher Messbarkeit	»Duuuuschaussssstsooorichtigfeschaussssss«, hat mir danach ins Dekolleté gespien	Die ersten fünf Sekunden waren vielversprechend, jedoch blieb es bei fünf Sekunden.

UNDATINGTIPPS

Fragen Sie mich alles! Ich habe alle Plattformen ausprobiert, mindestens dreißig Männer getroffen, mich ein Dutzend Mal unsterblich verliebt, Höllenqualen gelitten – und allein bin ich trotzdem wieder. Zum Glück! Im Folgenden gebe ich Ihnen einen kleinen Notfallkoffer mit auf den Weg, falls Sie doch romantische Anwandlungen überfallen sollten. Ein wichtiger Ratschlag, um alle amourösen Anbandlungsversuche geschickt zu umgehen, wäre folgender: Aufrichtigkeit zählt. Teilen Sie deswegen zu Beginn all Ihre wahnwitzigen Projektionen und Illusionen mit Ihrem Date. Sagen Sie am besten gleich beim ersten Treffen, dass Sie in spätestens zwei Wochen zusammenziehen möchten. Verkacken Sie's gezielt und konstant.

GESPRÄCHSEINSTIEGSIDEEN, UM EIN ZWEITES DATE ZU VERMEIDEN

»Du siehst voll aus wie meine Ex-Frau!«
(am besten Fotos zeigen, am besten unbekleidet)

»Würdest du lieber deine Eltern beim Sex erwischen oder von ihnen erwischt werden?«

»Möchtest du eigentlich auch mindestens fünf Kinder?«

»Aaah … mein erster vernünftiger Kaffee seit zehn Jahren! Im Bau gab's vielleicht eine miese Plörre…«

»Du erinnerst mich voll an meinen Vater!«
(am besten Fotos zeigen, am besten unbekleidet)

»Ich bin voll aufgeregt, ich habe noch nie mit einer Frau gesprochen, die noch antworten kann.«

»Wollen wir zusammen einen Jagdschein machen? Ich töte so irrsinnig gern.«

»Wie sind dein Sternzeichen und dein Aszendent? Ich bin Jungfrau, Aszendent Nacktschnecke.«
(verführerisch die Augenbrauen tanzen lassen)

»Darf ich dir meinen Keller zeigen? Ich habe ihn selbst ausgebaut.«

»Du hast echt was von meinem Therapeuten! Der war ziemlich hot…«
(am besten Fotos zeigen, am besten … ach so, Sie haben ja eh nur Nacktbilder)

ÜBUNG: NEUER PARTNER, AB JETZT – EINE TRAUMREISE IN DEN ABGRUND

Unsere Tipps haben nicht das gewünschte Ergebnis gebracht? Sie sind drauf und dran, sich zu verlieben? Bitte nicht! Auch wenn im Stadium der frühen gegenseitigen Anziehung alles wundervoll aussehen mag: Ihr Date (m/w/d) hat einen Job und wohnt nicht mehr bei seinen Eltern? Antwortet auf jede sechste oder siebte Nachricht von Ihnen? Manchmal sogar mit zwei oder drei Worten, die ganz tief aus dem Herzen zu kommen scheinen? Es wird trotzdem aller Wahrscheinlichkeit nach sehr bald schrecklich. Wir helfen Ihnen, sich von den SiNiVis loszusagen. Visualisieren Sie mit uns die SiaWneSi *(sich aller Wahrscheinlichkeit nach ergebende Situation)*, damit Sie rechtzeitig die Reißleine ziehen können.

Begeben wir uns auf eine kleine Albtraumreise. Nehmen Sie sich für diese Übung mindestens 20 Minuten Zeit, suchen Sie sich einen ruhigen, ungestörten Ort und tragen Sie idealerweise Kopfhörer. Richtig in Stimmung bringen Sie sich mit der online verfügbaren Playlist »Geräusche von Stadttauben«.

Phase 1: Das Kennenlernen

Stellen Sie sich also vor, wie Sie gemeinsam mit Ihrem Date Highlights der Trübsalmanifestation wie die Gießener Innenstadt bei Nieselregen entdecken. Wie Ihre bessere (bzw. genauso durchschnittliche) Hälfte aus Kostengründen stets Zwei-Sterne-Pensionen bucht (die mit den grün gefliesten Bädern und der Schamhaarkollektion im Abfluss.) Sie und Ihr Schwarm, Hand in Hand auf Tour durch die identisch gestalteten Fußgängerzonen der

Bundesrepublik. Ihre ausdruckslosen Gesichter, die sich im NANU-NANA-Schaufenster beim Betrachten der Auslage spiegeln.

Phase 2: Es wird ernst

Träumen Sie sich nun in ein reales Fortgeschrittenes-Dating-Szenario: Denken Sie zunächst an kleine Ärgernisse. Konzentrieren Sie sich auf achtlos auf den Boden geworfene Socken und stehen gelassenes Geschirr. Nun beziehen Sie potenzielle Mitmenschen in die Albtraumreise mit ein: Sie sitzen mit den Schwiegereltern in spe am Küchentisch und essen Kirschkuchen. Während der emotional abgenudelte Vater auf die gehäkelte Tischdecke starrt und Sie hartnäckig ignoriert, streut seine Mutter subtil Vorwürfe wegen Ihrer Kinderlosigkeit. Führen Sie nun den zärtlich-fordernden Dialog zwischen Ihnen und Ihren Schwiegereltern, jedoch nicht im Kopf, sondern in Zimmerlautstärke. Lassen Sie Ihren Partner die Ihnen entgegengesetzte Rolle einnehmen. Sprechen Sie dabei alle drei Rollen mit verstellten Stimmen. Wenn Sie sich in einem Zug der Deutschen Bahn befinden, suchen Sie hierfür ein Ruheabteil auf. Verspeisen Sie dort unbedingt ein hart gekochtes Ei und eine Banane.

Phase 3: Es ist alles schon zu spät

Unsere letzte Traumreise führt Sie in die Zukunft. Stellen Sie sich Ihre Beziehung fünf Jahre nach der Berentung vor: Sie auf einem Plastikliegestuhl in einem Garten, direkt an einer Schnellstraße gelegen, Ihr früher so attraktives Date jetzt übergewichtig und zänkisch Kreuzworträtsel lösend. Stellen Sie sich als Produkt dieser freudlosen Beziehung einen Golden Retriever vor, um den Sie nach unerfülltem Kinderwunsch monatelang bei Ihrem Partner gebettelt und den Sie schließlich aus einem slowakischen Tierheim geholt haben. Von Hundeerziehung haben Sie keine Ahnung. Natürlich ist das Fellkind höchst verhaltensauffällig, seit Mama und Papa sich nicht mehr lieb haben, weswegen Sie Hundetrainerin Nadine zurate gezogen haben. Schon beim ersten Termin beißt der Hund Nadine, die Sie daraufhin verklagen möchte. Bei einem Mediationstermin gibt sie allein Ihnen die Schuld, verliebt sich in Ihren Partner und lässt ihn umgehend bei sich zu Hause einziehen. Nun sind Sie wieder ganz allein, Sie, der Hund und sein Maulkorb.

SCHLUSSWORT

Mit diesem Notfallset sollte es möglich sein, Romanzen zuverlässig abzuwehren und aufkeimende Hormonattacken im Keim zu ersticken.

Die sich daraus ergebenden Vorteile liegen klar auf der Hand:

- 👍 Körperpflege wird zweitrangig
- 👍 Keine Pärchenabende
- 👍 Kein Beziehungsstreit
- 👍 Keine Schwiegereltern
- 👍 Keine Diskussionen, welcher Film geguckt wird
- 👍 Zeit für alles
- 👍 Platz für mehr Katzen

~ *mantra* ~

**DIE LIEBE VERLEIHT
MIR NUR FLÜGEL,
DAMIT ICH TIEFER
FALLEN KANN.**

Kapitel 5

Kinder und Kinderlosigkeit: Beides hat nur Nachteile

ASTRID UND IHR FLAUSCHIGER NACHWUCHS

Ich lebe allein mit meinen vier Katzenkindern. Und steuere geradewegs auf ein Leben als Crazy Cat Woman zu – ich bin schon jetzt die verrückte Tante mit den teuren, aber nutzlosen Geschenken, die zu Weihnachten eingeladen wird, zu viel Parfum trägt und zu viel Wein trinkt. Aber eigentlich finde ich das gar nicht so schlecht. Na gut, das sage ich jetzt nur, um Sie nicht zu erschrecken: Eigentlich finde ich es herrlich!

Mit Kindern hätte Astrid endlich Verantwortung übernehmen müssen und ihr Leben ordnen können. Kinder hätten sie zu dem Menschen gemacht, der sie gern wäre, hätten sie geerdet. Sie hätte jetzt ein Häuschen mit gigantischem Trampolin in Rosenheim, mit Blumenbeet und rotgesichtigen Nachbarn am Zaun.

Immer wenn mich die Sehnsucht nach einer Familie überkommt, denke ich kurz an Robbi, dessen zwei Kinder im Partyraum seiner WG schlafen müssen und die er früher oder später leider beim Masturbieren erwischen wird. Aber das diktiert mir wahrscheinlich der Neid, denn das Leben als Kinderlose ist ziemlich großartig. Ich darf beispielsweise mein ganzes Gehalt für Essen und Dekoschrott ausgeben, während Robbi seinen Kindern Fußballtrikots und Sammelbilder kaufen muss. Von dem Geld, von dem Robbi mit seinen Kindern Pommes isst und Limo trinkt, gönne ich mir einen Jahrgangschampagner. Ganz allein! Morgens darf ich ausschlafen, weil ich niemandem ein Butterbrot machen muss. Und meine Urlaube verbringe ich allein in schönen Boutiquehotels, ich besichtige Kirchen und Museen, esse zu gut, lese sechs Romane und bringe mir ein T-Shirt mit. Und da alle meine Freundinnen jetzt Familie haben, muss ich mir mit niemandem ein Zimmer teilen oder ausdiskutieren, welches Restaurant besucht wird.

Ich habe zwei Kinder, mit zwei Partnerinnen, von denen ich bereits wieder getrennt lebe. Ich wohne mit meinem Kumpel Silvio in einer WG mit Kinderzimmer, das sich Tobi (10) und Emma (6) teilen müssen. Und das sonst unser Partyzimmer ist.

Ohne Kinder wäre Robbi zweifelsohne ein Rockstar geworden. Und Inhaber einer auf Guerillamarketing spezialisierten Werbeagentur, deren Kampagnen im MoMA neben Banksy ausgestellt würden. Seine Band und seine Agentur hätten denselben Namen gehabt, was für ein geniales Konzept – auch Product Placement in Musikvideos war ursprünglich seine Idee.

ROBBI DÄUTELS VERLORENE JAHRE

Die Evolution hat Mist gebaut. Anstatt Menschen in Fruchtsäcken an Bäumen heranreifen zu lassen, damit sie nach achtzehn Jahren fertig ausgebildet herausplumpsen, ist durch eine falsch genommene Abzweigung im darwinschen Wettmutieren folgendes Prinzip entstanden: Menschenkinder kommen als vollkommen unnütze Fleischsäckchen zur Welt, die rund um die Uhr betreut werden müssen, weil ihnen ein jeder, der Böses im Schilde führt, mit dem Zeigefinger in die Fontanelle piksen kann. Babys sind aber nicht nur motorisch stark eingeschränkt (andere Säugetiere lernen direkt nach der Geburt laufen), sie sind auch sehr einfältig. Beispielsweise können sie nicht sprechen. Immer dann, wenn vernünftige Menschen etwas sagen würden, schreien Babys. Sie schreien sogar, wenn sie müde sind – anstatt einfach zu schlafen!

Kleine Kinder können sich kein Brot schmieren, machen ungehemmt in die Hose, und wenn sie nach langem Training endlich gelernt haben, auf die Toilette zu gehen, können sie sich noch lange nicht den Po abputzen. Es wird Jahre dauern, bis sie in der Lage sind, Bier oder Zigaretten vom Kiosk zu holen!

Deshalb sind die ersten Jahre die anstrengendsten für uns Eltern. Bevor die Kita und später die Schule Ihnen die Vormittage zurückgibt und den Hauptteil des Menschentrainings übernimmt, muss Ihr Kind die grundlegendsten Dinge von *Ihnen* lernen. Schließlich sind Sie immer in der Nähe des Kindes und somit erster Ansprechpartner.

Diese Jahre können Sie also abhaken.

DIE FÜNF SÄULEN

Doch irgendwann ist es geschafft.

Die fünf Däutel'schen Kernfähigkeiten stehen solide wie Marmorsäulen.

Ihr Kind ist nun überlebensfähig.

DIE FÜNF DÄUTEL'SCHEN KERNFÄHIGKEITEN

IHR KIND KANN

sich anziehen · sich ein Brot schmieren · sich die Zähne putzen · sich den Po abputzen · das Tablet entsperren

(Wenn Ihr Kind diese fünf Kernfähigkeiten von Ihnen erlernt hat, ist es Zeit für die Rückkehr zur Null.)

WARUM ERZIEHUNG?

Dass es im Sinne des Kindes ist, mit Disziplin, einem starren Regelwerk und regelmäßigen Nachmittagsterminen dessen angeblich vorhandene Talente zu fördern – diese absurde Vorstellung schwirrt noch immer in den Köpfen erschreckend vieler Eltern herum. Gerade so, als könnten frühzeitige Fremdbestimmung der Freizeitaktivitäten und totale Überwachung durch die Eltern etwas Positives bewirken und zu Wohlbefinden führen. Hatten Britney Spears, David Garrett oder Michael Jackson eine lebenswerte Kindheit?

Sie hatten *gar keine* Kindheit.

Alle wurden von ihren Eltern zu Höchstleistungen angetrieben, kaum dass sie laufen konnten. Da Kinder in den ersten Lebensjahren aber selten eine anhaltende Begeisterung für irgendetwas anderes entwickeln als das, was sie gerade sehen oder greifen können, musste hierfür äußerst streng vorgegangen werden. Hat jemals irgendein Kind auf dieser Welt darum gebettelt, noch *bitte bitte* eine Stunde länger Violine üben zu dürfen?

Nein.

Zu allem, was schwerfällt oder keine unmittelbare Freude bereitet, müssen Kinder unter Androhung von Konsequenzen gezwungen werden.

Dabei haben wissenschaftliche Untersuchungen längst bewiesen: Der Energieaufwand, der nötig ist, um beim Aufsetzen eines »mahnenden« Gesichtsausdrucks nicht in Gelächter auszubrechen, steht in keinem Verhältnis zum Effekt dieser Maßnahme. Zu diesem Ergebnis sind Studien der Freien Nena-Universität Hamburg gekommen. Diese private Forschungs- und Bildungseinrichtung konnte beweisen, dass sehr sparsam eingesetzte pädagogische Maßnahmen, ein auf Würfeln basierendes Bewertungssystem sowie eine Didaktik, die auf freiem Ein-Bein-Tanz, Sitzbädern bei Neumond und Fingerhäkeln basiert, deutlich effektiver sind. Die Lustbilanz stimmt sowohl aufseiten des Lehrkörpers als auch bei den Schüler:innen.

Ein Beispiel: Die van Pelikans, Eltern eines Jungen aus Tobis Klasse, treibt die weitverbreitete Sorge um, in ihrem Veit-Jason könne ein unentdecktes Talent schlummern, das verkümmert, wenn es nicht gefördert wird: Primoballerino, Deutschrapstar, Bundestrainer. Die Liste ist lang. Auch eine besondere Begabung für Mandarin und Mittelhochdeutsch liegt laut seinem Vater, Kjell van Pelikan, im Bereich des Möglichen. Doch in welche Richtung soll die (selbst diagnostizierte) Hochbegabung ihres Sprösslings gelenkt werden? Rastlos zerren sie Veit-Jason vom Capoeirakurs zum Kinderseriencasting, vom Sushimeisterseminar zum Sanskrit Freestyle Battle – für Veit-Jason gibt es keine Ferien. Nur Bootcamps, Hochseesegelkurse und Ausgrabungen.

Da unter Pädagogikprofessoren breiter Konsens darüber herrscht, dass Fernsehen etwas Schlechtes ist und Kinder idealerweise ganz ohne Medienkonsum aufwachsen sollten, gibt es auch kein TV-Gerät bei den van Pelikans. Kein Tablet, kein ausrangiertes Smartphone, lediglich einen Computer im Arbeitszimmer – zu dem Veit-Jason aber keinen Zugang hat. Nur am Sonntag darf er ein Fax verschicken. Das Kind hat in seinem Leben noch nicht eine einzige Minute *PAW Patrol* gesehen! Wenn sich seine Eltern im Restaurant über Erwachsenendinge unterhalten wollen, muss er Kreuzworträtsel lösen.

Da der arme Junge unter massiver **Überförderung** leidet, habe ich es mir zur Aufgabe gemacht, mithilfe der **0%-Erziehungsmethode** für Entlastung zu sorgen, wann immer er einen Nachmittag mit Tobi verbringt.

Ich habe das folgende **Unachtsamkeitsprogramm** für Veit-Jason zusammengestellt:

1. Zeichentrickserien (ab 16) bingen
2. Dabei Cola (mit Koffein UND Zucker) trinken
3. Gummi und Schokolade mampfen
4. Nebenbei Candy Crush auf dem Handy spielen
5. Auf dem Laptop läuft noch live ein Fußballspiel
6. Pizza liefern lassen
7. Zum Nachtisch Eis mit Schokosoße, Sprühsahne und Krokanttopping
8. Hausaufgaben Hausaufgaben sein lassen

Weil die unter großem Druck stehende Förderballung in Veit-Jasons Hippocampus sich nun entladen kann, kommt es beim Schub in Richtung 0 % zu einer Yin-induzierten Energieumkehrung, sodass der Zustand der **absoluten Nullprozentigkeit** augenblicklich eintritt:

Sein Geist ist leer, der Körper angenehm erschlafft, Veit-Jason ist im Jetzt.

Obwohl er selbst **0 % Energie** in das System eingespeist hat, steigert sich Veit-Jasons Lustbilanz durch seine *bloße Existenz* in ungeahnte Höhen!

DIE 0%-ERZIEHUNGSMETHODE

Die 0%-Erziehungsmethode ist denkbar einfach: Es gibt keine. Verabschieden Sie sich von der Illusion, ein pädagogisches Konzept konsequent anwenden zu können. Impulsorientiertes Verhalten befreit Sie von der Last, ständig selbst überprüfen zu müssen, ob auch Sie sich an die Regeln halten. Um Ihrem Kind Disziplin eintrichtern zu können, müssten Sie schließlich selbst sehr diszipliniert sein! Ein ressourcenhungriger Teufelskreis, der geradewegs in den Neurosengarten führt. Dabei ist das genaue Gegenteil der Weg zum Glück: Reagieren Sie einfach auf das, was geschieht. Mal so, mal so. Leben mit Kindern ist pures Chaos – ob mit Regeln oder ohne. Und da jede Form von Disziplin bei allen Beteiligten Stress auslöst, ist es ratsam, sich für die weitestgehend regellose Variante zu entscheiden.

Doch auch Sie sind nur ein Mensch.

Falls Ihnen spontan eine Regel einfällt, um eine Situation zu Ihren Gunsten zu gestalten, stellen Sie diese auf und beharren Sie eine

Weile auf ihre Einhaltung. Inspiration hierfür finden Sie in Fachartikeln der einschlägigen Onlinemedien – der Teil, der bis zur Paywall lesbar ist, reicht vollkommen. Längere Abhandlungen oder gar Bücher zu dem Thema geben meist vor, dass es sich bei Erziehung um eine Art Wissenschaft handelt. Wir Eltern wissen jedoch, dass die Wirklichkeit mit Kindern weit davon entfernt ist, von weltfremden Theoretikern durchdrungen werden zu können.

KINDER, DIE DAZWISCHENREDEN

Betrachten wir im Folgenden ein und dieselbe Ausgangssituation, auf die mit diametral gegensätzlichen Pädagogikkonzepten reagiert wird. Anschließend werfen wir einen Blick auf die jeweilige Entwicklung der Lustbilanz.

In der ersten Variante gibt es Regeln. Wir setzen Grenzen und bleiben konsequent. In der zweiten Variante lösen wir die Situation auf andere Art. Wie in der Überschrift bereits angedeutet, geht es um eine Situation, mit der Eltern dauerhaft konfrontiert werden: Kinder, die dazwischenreden, wenn Erwachsene sich unterhalten.

Pädagogikkonzept 1:
Streng und diszipliniert

Silke, Ihre kinderlose Bekanntschaft, sucht eine Partnerin für ihre jüngste brillante Geschäftsidee. Bei einem Treffen, das an einem späten Nachmittag bei Ihnen zu Hause stattfindet, muss also gewährleistet sein, dass zwischen Ihnen und der anderen erziehungsberechtigen Person geklärt worden ist, wer sich in diesem Zeitraum um das Kind »kümmert«. Es wäre wichtig, das Gespräch in Ruhe führen zu können – schließlich geht es um ein neues, spannendes und eventuell sogar lukratives Projekt. Zwei Stunden Minimum sollte man somit einplanen. Sie können sich mit Ihrem Partner nach hitziger Diskussion auf eine ungestörte Stunde im Wohnzimmer einigen.

Diese Absprache kostet bereits Kraft und Nerven, die besser in erste Marketingideen für das Start-up investiert worden wären.

Silke kommt, wie bei Kinderlosen üblich, eine halbe Stunde zu spät. Sie ziehen sich mit zwei Tassen Kaffee ins Wohnzimmer zurück, Silke beginnt ihren Pitch:

»Also, halt dich fest: Modulare Handpuppen, die ...«

Ihr Kind betritt das Wohnzimmer und redet dazwischen. Sie unterbrechen Silke mitten im Satz und wenden sich an Ihr Kind: »Du sollst doch nicht immer dazwischenreden.« Anschließend fragen Sie, was es möchte, und lassen es sein Anliegen vortragen: Es ist der Wunsch nach Medienkonsum auf einem portablen Endgerät. Und nach was zu knabbern. Doch dafür gibt es klare Regeln: Nur *eine* Folge vor dem Zubettgehen, erklären Sie entschuldigend. Und geknabbert wird am Wochenende. Ihr Kind behauptet, dass das »fies« sei, Silke führt ihre leere Tasse an den zuckenden Mund. Wo ist eigentlich Ihr Partner, der diesen Schlamassel von Ihnen fernhalten wollte? Sie zücken Ihr Handy, um anzurufen, das Kind denkt jedoch, Sie wollten eine Folge starten, und streckt bereits gierig die Hände aus. Niemand geht ran, Sie stecken das Handy wieder weg und wollen das Kind zu Mama/Papa schicken. Das Kind fängt an zu weinen. Nun heißt es, konsequent zu bleiben. Mit starrem Blick widmen Sie sich weiter der Erwachsenenunterhaltung und ignorieren Ihr Kind. Silke versucht, ihren Handpuppen-mit-Wechselperücken-Pitch fortzusetzen, was jedoch durch fortdauerndes Gequengel verunmöglicht wird. Als endlich der Partner auftaucht, machen Sie ungewöhnlich scharfe Vorwürfe, es kommt zum Streit. Um sich in Ruhe zoffen zu können, händigen Sie dem Kind das entsperrte Mobiltelefon aus. Das Kind verlangt Gummibärchen.

Silke hat längst unbemerkt die Wohnung verlassen.

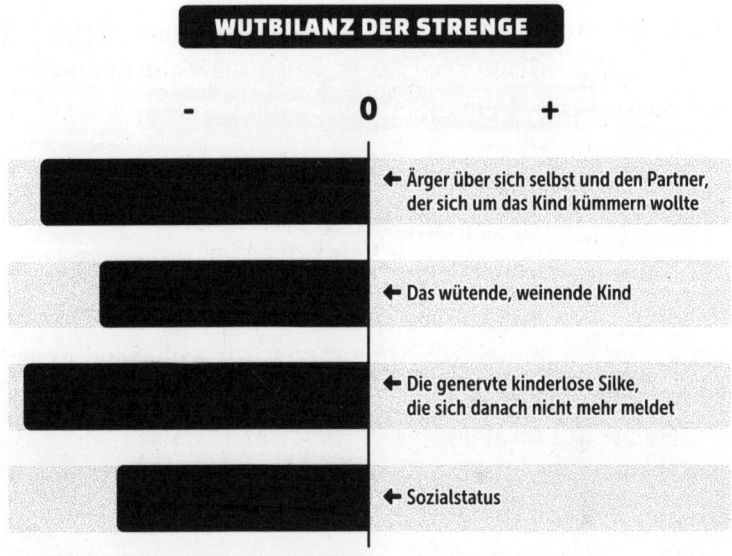

Pädagogikkonzept 2:
Die 0%-Erziehungsmethode

Schauen wir nun, was geschieht, wenn Sie keinerlei Regeln anwenden.

Sie haben Silke gesagt, sie könne am Nachmittag kommen, wann sie wolle. (So verbringen Sie keine Zeit mit Warten.) Als Silke kommt, setzen Sie sich mit zwei Bierchen ins Wohnzimmer – es ist ja schon vier. Ihr Kind fragt, ob es eine Folge Schrott schauen darf. Sie sagen, es dürfe auch drei Folgen Schrott schauen, und geben ihm das entsperrte Endgerät. Dann zücken Sie noch eine Tüte Chips aus dem Knusperschrank. »Falls der Hunger kommt«, sagen Sie lächelnd und zwinkern Ihrem Kind zu. Das Kind jauchzt, verschwindet, Silke pitcht ihre Idee, Sie sind begeistert und steigen mit ein.

Ein Jahr später geht ihr Start-up an die Börse.

Sie sind reich.

DIE LUSTBILANZ DER 0%IGKEIT

	-	0	+
Silke kommt zu Ihnen nach Hause und macht Sie bei einem Bier zur Teilhaberin			
Ihr Kind darf knabbern und seelenlosen Müll glotzen			
Ihr Kontostand, nachdem das Start-up an die Börse geht			
Sozialstatus			

SCHLUSSWORT

Improvisation ist das Management der Unachtsamen – Konsequenz ist Mainstream. Sie sind Avantgarde: Betrachten Sie Erziehung als Free Jazz.

Fazit

Für Eilige: Das ganze Buch auf einer Seite

Sie wollen sich verändern?

Lassen Sie es.

Glauben Sie niemandem, der behauptet, eine todsichere Methode gefunden zu haben, mit der sich etwas sehr Schwieriges sehr einfach lösen lässt.

Glauben Sie uns.

Denn es ist ganz einfach und funktioniert todsicher:

Machen. Sie. Weiter. Wie. Bisher.

Machen Sie kein Detox – machen Sie Tox. (Die Lustbilanz muss stimmen.)

Lesen Sie keinen Atemratgeber. Sie lesen ja auch keinen Ratgeber übers Sitzen. (Beides geschieht von ganz allein.)

Lesen Sie keinen Aufräumratgeber – denn Leben ist Chaos und Chaos ist Leben. (Und Sie wollen doch leben, oder?)

Lesen Sie am besten gar keine Ratgeber mehr.

Sie brauchen keinen Coach – sie brauchen eine Couch.

Folgen Sie dem Pfad der Unachtsamkeit.

Geben Sie 0 %.

Nachwort

Kann man lesen, muss man aber nicht. Uff!

Wir möchten uns sehr herzlich bei unseren Leserinnen und Lesern bedanken, die unseren Hobbyverlegern (Sie erinnern sich) die Finanzierung einer neuen Substanzenküche auf Norderney ermöglicht haben. Hierzu sei gesagt: Obwohl es uns mithilfe der 0%-Methode gelungen ist, unser Scheitern, das konstante Verkacken und selbst kolossale Cluster-Fuck-ups zu umarmen, zu ertragen oder gar für unsere Zwecke zu nutzen, raten wir an nur wenigen Stellen dieses Buches zum Drogenkonsum und empfehlen, sich nur ein bis zwei Mal pro Woche vollständig abzuschießen.

Übrigens raten wir auch nicht zum Auswandern auf eine sonnige Insel. Ein Leben nach der 0%-Methode lässt sich in einem mittelguten Land wie Deutschland am einfachsten etablieren: Das natürliche Habitat der Null ist gemäßigtes Klima mit einem Hang zum Nasskalten, ein deutlicher Überschuss an ungemütlichen Jahreszeiten, eine Topografie aus tristen Fußgängerzonen mit Tchibo-Filialen und eine Bevölkerung, die in Funktionskleidung Altstädte nach »-keiten« absucht, welche der Tourismusverband als »sehenswürdig« deklariert hat.

Träumen Sie vom Ruhestand auf einer Südseeinsel? Verabschieden Sie sich von sich niemals erfüllenden Visionen.

Denken Sie lieber an einen regnerischen Tag im Mai in, sagen wir, Hannover: zwölf Grad, Dauerregen, Dunkelheit. Sie sagen alles ab, bleiben einfach im Bett. Abends bestellen Sie bei Kostas Taverne für die ganze Familie eine Runde Gyros, überbacken mit Metaxasoße, und schauen im Privatfernsehen Werbeblöcke, die hin und wieder von Joko und Claas unterbrochen werden. Morgen scheint eventuell für eine Stunde die Sonne und Thomas Gottschalk moderiert nie wieder *Wetten, dass…?*.

Besser wird es nicht. Aber auch nicht schlechter.

Bleiben Sie unachtsam.

Astrid Scheib und Robbi Däutel

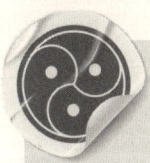

~ *mantra* ~

**BESSER WIRD ES NICHT,
ABER AUCH NICHT SCHLECHTER.**

Die Autor:innen

Robbi

Robbi hat sich mal wieder in eine Festanstellung hineingenullt. Diesmal ist es keine Werbeagentur, sondern die Marketingabteilung eines mittelständischen Unterlegscheibenherstellers. Er könnte sich vorstellen, hier bis zur Rente zu verschimmeln, denn seine Tätigkeit ist so anspruchslos, dass er sich abends auf dem Sofa manchmal nicht sicher ist, ob er überhaupt bei der Arbeit war.

Astrid

Astrid ist immer noch Single, sie bereitet sich derzeit mental auf eine zweiwöchige Kreuzfahrt mit ihrer Mutter vor. Die Kreuzfahrt muss allerdings ihre Mutter bezahlen, denn Astrid arbeitet jetzt von Donnerstag bis Samstag im Café, was ihr ganz gut gefällt. Vor Kurzem ist Astrid sogar spektakuläre Hafer-Latte-Art (siehe nächste Seite) geglückt: als Frau Dr. Kühnlein reinkam und vorgab, sie nicht zu erkennen, um dann ein deutlich zu hohes Trinkgeld zu geben. Die Heißluftfritteuse hat bei Astrid, wie es aussieht, ein permanentes Zuhause gefunden.

**IN JEDEM YIN
STECKT EIN SINN.**

Anhang

Platz für
unsere Gedanken

Datum: ....

| Mo | Di | Mi | Do | Fr | Sa | So |

#faildesmonats

Was habe ich heute alles verkackt?

....

....

....

....

....

....

....

....

....

....

....

WTF!

....

**Diese 10 Dinge haben mich heute
wütend gemacht:**

1. ....

2. ....

3. ....

4. ....

5. .... OMG! ....

6. ....

7. ....

8. ....

9. ....

10. ....

Meine ideale Yin-Situation:

....

....

....

....

....

....

....

....

....

....

....

Liste hier fünf Leute aus deinem Bekanntenkreis auf, auf die du neidisch bist oder die du einfach nur ätzend findest:

1.
....

2.
....

3.
....

4.
....

5.
....

Hier möchte ich zukünftig auch 0 % geben:

....

....

....

....

....

....

....

....

....

....

Platz für
unsere Kreativität

Bildnachweis

Seite 81 links, Eierpikser: Takimata (https://commons.wikimedia.org/wiki/File:Egg_piercer.jpg), »Egg piercer«, in neuen Hintergrund eingebaut, https://creativecommons.org/licenses/by-sa/3.0/legalcode

Seite 106: Bundesarchiv, B 145 Bild-F048646-0033 / Wegmann, Ludwig / CC-BY-SA 3.0 (https://commons.wikimedia.org/wiki/File:Bundesarchiv_B_145_Bild-F048646-0033,_Dortmund,_SPD-Parteitag,_Helmut_Schmidt.jpg), „Bundesarchiv B 145 Bild-F048646-0033, Dortmund, SPD-Parteitag, Helmut Schmidt", https://creativecommons.org/licenses/by-sa/3.0/de/legalcode

Originalausgabe

1. Auflage 2024

© 2024 by Yes Publishing – Pascale Breitenstein & Oliver Kuhn GbR

Türkenstraße 89, 80799 München

info@yes-publishing.de

Alle Rechte vorbehalten.

Redaktion: Matthias Teiting

Umschlaggestaltung: Ivan Kurylenko (hortasar covers)

Layout, Satz und Illustrationen: Tobias Prießner

Druck: CPI

Printed in the EU

ISBN Print 978-3-96905-346-1

ISBN E-Book (EPUB, Mobi) 978-3-96905-347-8

ISBN E-Book (PDF) 978-3-96905-348-5